PARTNER WORKOUTS

이디에서나 할 수 있는 운동으로
팀을 이루어 훈련한다.

Laura Williams
M.S.Ed., ACSM EP-C

영 문 출 판 사

목차 CONTENTS

1 시작하기 Getting started

2 저항운동 Resistance exercises

3 짝을 이루어 보조하는 운동 Assisted pairings exercises

1

시작하기
GETTING STARTED

친구 한명(또는 여러 명)을 데려와
당신의 인생 중 최고의 운동을 준비해보세요.
이 장에서는 파트너와 함께 하는 적절한 훈련,
준비운동 그리고 마무리운동을 포함한
훈련의 이유와 방법을 가르쳐 줍니다.
이 장을 주의 깊게 읽으세요.
당신이 파트너 운동을 계획하고 연습하는데
필요한 모든 것을 제공합니다.

소개 INTRODUCTION

파트너 운동은 운동 루틴을 강화하고
강화할 수 있는 기회를 제공한다.
그들은 혼자 운동하는 것보다 더 재미있고
일정 수준의 책임감을 제공한다.
당신에게 의지하고 격려하는 친구가 있을 때
당신은 함께 땀을 흘리고, 그 결과를 확인할 수 있다.
하지만 이익은 여기서 멈추지 않는다.

파트너와 함께 운동해야 하는 이유

즐겁게 FUN

혼자서 스쿼트를 백만개 하신다구요? 지루하게.
친구와 함께 스쿼트를 백만개 하신다구요? 친구와 함께하면
더 웃고, 유대감을 쌓고, 서로 의지하며 운동할 수 있다.
같이 운동을 하는 친구는 운동을 더 재미있고 쉽게 느끼게 해준다.

퍼포먼스 PERFORMANCE

Michigan State University의 연구원들이 2012년에 실시한 연구에
따르면 사람들이 파트너와 함께하는 운동은 혼자 운동하는
것보다 두 배 더 오래 운동한다고 알려져 있다.
왜냐하면 그들은 먼저 운동을 멈추고 싶지 않았기 때문이다.

자신감 CONFIDENCE

만약 여러분이 운동을 어떻게 적절히 수행하는지에 대해
확신이 없다면, 운동파트너가 여러분의 약점을 더 잘 알게 될 때
불확실성을 줄이고 자신감을 높이는 데 도움을 줄 수 있다.

동기부여 MOTIVATION

지속적인 사회적 지원은 운동을 시작하고 유지하는
가장 효과적인 수단 중 하나다. 더 열심히 하라고 격려하는 친구가
있을 때, 실제로 더 열심히 일할 가능성이 높다.

안정성 SAFETY

친구가 옆에서 함께 운동을 한다면 균형을 잡을 때 도와주고,
틀린 자세를 고쳐줄 뿐만 아니라, 밖에서 운동할 때
만날 수 있는 이상한 사람들로부터 도움을 줄 것이다.

저항 RESISTANCE

저항운동은 저항감을 주는 도구들을
사용하여 움직임을 향상시켜준다.
예를 들어, 저항운동을 하기
위해서는 덤벨, 저항밴드 또는
메디신 볼을 사용하여 더 효과적인
운동을 할 수 있다.

운동 구성 EXERCISE ORGANIZATION

이 책의 운동은 저항, 보조 조 편성 및
안정성의 장으로 구분된 세 가지 유형으로
분류된다. 일부 운동은 하나 이상의
카테고리에 속한다.
예를 들어, BOSU를 사용하는 운동은
안정성 측면이 있을 수 있지만
그 운동의 주된 의도가 이러한 카테고리 중
하나에 속하기 때문에 저항 또는
보조 조 편성 장에 나타난다.

저항밴드는
삼두근 운동을 할 때
저항감을 향상시켜주는
도구로 사용한다.

운동이 특정 카테고리로 분류되는 것과 함께 난이도 수준으로 구분된다. 이러한 수준이 특정 운동의 도전을 나타내는 좋은 지표이긴 하지만, 기존 운동방식과는 다를 수 있으므로 쉽게 생각해서는 안된다. 많은 운동에는 더 쉽거나 더 어려운 변형을 제공하는 버전이 포함되어 있다.

보조 조 편성 ASSISTED PAIRINGS

보조 조 편성 운동은 자신 또는 파트너의 체중을 저항 또는 주요 도구로 사용하는 운동이다. 덤벨이나 저항밴드는 필요하지 않지만, 장비를 사용하면 움직임을 어렵게 만들 수 있다.

수정된 풀업은
운동자는 저항을 하고,
파트너는 "장비" 역할로서
함께하는 운동이다.

안정성 STABILITY

안정성 운동은 균형, 안정성, 협응력 및 민첩성을 향상하는데 도움이 되는 운동신경근 발달을 도와준다. 이들 중 다수는 또한 도구를 사용하며, 그러나 장비를 통합하는 것은 신경운동 문제에 이차적이다.

더블 트리 자세는
한쪽 다리로 균형을
더 잘 잡을 수 있게
안정성을 제공한다.

레벨 평가 ASSESS YOUR LEVEL

만약 당신이 어디서부터 시작해야 할지 모른다면, 당신이 성취한 것을 어떻게 알 수 있는가? 몇 주 또는 몇 달에 걸친 개선 사항을 추적하는 데 도움이 되는 것 외에도 초기 체력을 평가하고 다음을 달성하는 데 도움이 될 수 있다. 레벨 평가를 치른 후에, 이 책의 어느 수준에서 시작해야 할 지 알게 될 것이다.

나중에 참조할 수 있도록 결과를 기록한다. 주기적인 간격으로 체력테스트를 하고 변화를 기록한다.

피트니스 테스트

이 간단한 개인 체력 평가를 통해 이 책의 시작 수준을 결정할 수 있다.

1
먼저 워밍업하지 않고 네 가지 테스트를 모두 순서대로 수행한다. 테스트 사이에 회복할 수 있을 만큼만 휴식을 취한다.

2
테스트 결과는 특정 점수로 변환된다. 페이지를 넘기고 연령 그룹의 차트를 참고하여 포인트를 찾는다.

3
포인트를 추가한다. 차트 아래의 키를 참고하여 시작할 수준을 결정한다.

TEST 1

3분 스텝 테스트

목적 심박수로 측정한, 운동 후 회복하는 심장의 능력을 기반으로 심혈관 건강을 측정한다.

장비 12 인치(31cm) 스텝박스 또는 벤치, 초침 타이머 및 메트로놈(또는 무료 메트로놈 앱 찾기)

1 메트로놈을 분당 96비트(bpm)로 설정한다.

2 발판이나 벤치를 앞에 두고 선다. 3분 동안 메트로놈에 맞춰 움직이면서 한 발씩 올라갔다가 다음 발로 내려온다. 올라갈 때마다 앞발을 번갈아 올라간다.

3 앉아서(당신의 목에) 경동맥 맥박을 사용하여 1분 동안 심박수를 세어본다. 페이지를 넘기고 연령대별 차트를 참고하여 심박수를 포인트로 변환한다.

TEST 2

1분 푸쉬업 테스트

목적 상체 근력과 지구력을 측정할 수 있으며, 푸쉬업 반복 횟수로 측정한다.

장비 타이머

1 남자는 손과 발로 지지되는 기본 푸쉬업 자세를 취해야 한다. 여성은 손과 무릎으로 지지되는 수정된 푸쉬업 자세를 취해야 한다.

2 파트너가 1분 동안 가능한 한 많은 팔굽혀펴기를 수행하면서 시간을 모니터링하도록 한다. 팔을 구부렸을 때는 바닥에서 몸통의 간격이 7.5cm(3인치) 정도로 낮추어야 한다.

3 페이지를 넘기고 연령대별 차트를 참고하여 수행한 횟수를 포인트로 변환한다.

체중과 BMI를 고려하지 않는 이유는 무엇인가?

체중과 BMI(체질량지수)는 실제로 신체의 내부 건강에 대해 많은 정보를 전달하지 않는다. BMI나 몸무게가 낮으면서도 건강에 해로운 신체구성을 유지할 수도 있다. 마찬가지로, 건강한 신체구성을 유지하면서 높은 BMI 또는 체중을 가질 수 있다.

체중 감량이 중요한 목표라면 신체의 특정 부위를 줄자로 측정하고 기록하여 더 많은 정보를 제공하고 모니터링할 수 있다. 특히 심장병과 관련 된 복부를 측정하거나 체지방 검사를 하여 전반적인 건강과 관련 된, 더 많은 정보를 얻을 수 있다.

당신은 에너지가 느껴지고 부상이나 질병이 없는 상태이신가요? 직접 느끼는 상태로도 자신의 전반적인 건강상태를 체크할 수 있다. BMI나 몸무게를 추적할 필요를 느낀다면, 다른 건강 목표들도 놓치지 않게 해야 한다.

TEST 3

1분 스쿼트 테스트

목적 몇 회 반복할 수 있는지에 따라 측정되는 하체의 근력과 지구력을 측정한다.

장비 타이머, 튼튼한 의자

1 튼튼한 의자 앞에 선다.

2 1분 동안 가능한 한 많은 스쿼트를 수행하면서 파트너가 시간을 모니터링 하도록 한다. 쭈그려 앉을 때 엉덩이를 의자에 살짝 닿게 한다(그러나 완전히 앉지 않는다).

3 페이지를 넘기고 연령대별 차트를 참고하여 수행한 횟수를 포인트로 변환한다.

TEST 4

1분 윗몸일으키기 테스트

목적 몇 회 반복할 수 있는지에 따라 측정되는 복근과 코어 근육의 지구력을 측정한다.

장비 타이머

1 바닥에 누워 무릎은 구부리고 발을 편평하게 바닥에 놓는다. 허벅지 위쪽에 손을 가볍게 얹는다.

2 1분 동안 윗몸 일으키기를 가능한 한 많이 수행하면서 파트너가 시간을 모니터링하도록 한다. 손을 허벅지부터 무릎까지 밀어 올리면서 복부를 사용하여 몸통을 말아 올린다.

3 페이지를 넘기고 연령대별 차트를 참고하여 수행한 횟수를 포인트로 변환한다.

맥박을 측정하는 방법

맥박을 목으로 측정하려면, 검지와 중지 손가락을 경동맥이 위치해 있는 목의 옆쪽, 턱 아래에 놓는다.

검지와 중지 손가락을 반대쪽 손목에 대어서 맥박을 측정할 수도 있다.

포인트 변환 CONVERT YOUR POINTS

이전 페이지의 테스트 결과를 포인트로 변환하려면 연령대 별 차트를 참고한다. 모든 점수를 합산하고 이 페이지 하단의 키를 참고하여 이 책의 시작 레벨을 결정한다. 각 테스트의 점수는 표준화된 테스트 차트에서 조정되기 때문에 필요에 따라 레벨을 올리거나 내릴 수 있는 유연성이 있다.
확신이 서지 않으면 더 쉬운 단계부터 시작하고 운동이 너무 쉽게 느껴지면 단계를 높인다.

AGE 18–35

TEST 1	106–200 bpm	90–105 bpm	50–89 bpm
TEST 2	0–15 reps	16–35 reps	36+ reps
TEST 3	0–28 reps	29–39 reps	40+ reps
TEST 4	0–25 reps	26–43 reps	44+ reps
POINTS	1	2	3

AGE 36–55

TEST 1	110–180 bpm	95–109 bpm	50–94 bpm
TEST 2	0–10 reps	11–30 reps	31+ reps
TEST 3	0–23 reps	24–37 reps	38+ reps
TEST 4	0–20 reps	21–39 reps	40+ reps
POINTS	1	2	3

AGE 56–65

TEST 1	115–164 bpm	100–114 bpm	60–99 bpm
TEST 2	0–8 reps	9–24 reps	25+ reps
TEST 3	0–15 reps	16–29 reps	30+ reps
TEST 4	0–15 reps	16–30 reps	31+ reps
POINTS	1	2	3

AGE 66+

TEST 1	118–155 bpm	100–114 bpm	60–97 bpm
TEST 2	0–5 reps	6–23 reps	24+ reps
TEST 3	0–15 reps	16–27 reps	28+ reps
TEST 4	0–12 reps	13–29 reps	30+ reps
POINTS	1	2	3

KEY

LEVEL 1 — 4–7 POINTS

LEVEL 2 — 8–10 POINTS

LEVEL 3 — 11–12 POINTS

당신은 레벨 3 프로그램을 원하는 만큼 반복할 수 있다. 저항을 높여 각 운동을 더 어렵게 만들 수도 있다.

책 사용법 HOW TO USE THIS BOOK

각 운동 동작의 설명은
파트너의 셔츠색과 동일한
색의 선으로 표시되어 있다.

EXERCISES

이 책은 70개의 동작을 3개의 난이도로 나뉘어 있다. 대부분의 동작은 움직임을 더 쉽게, 또는 더 어렵게 만들기 위한 수정된 동작도 제공한다.
운동 및 프로그램의 일부로 운동을 수행하지만 사용자가 만든 운동을 자체적으로 수행하거나, 프로그램의 일부로 수행할 수도 있다.

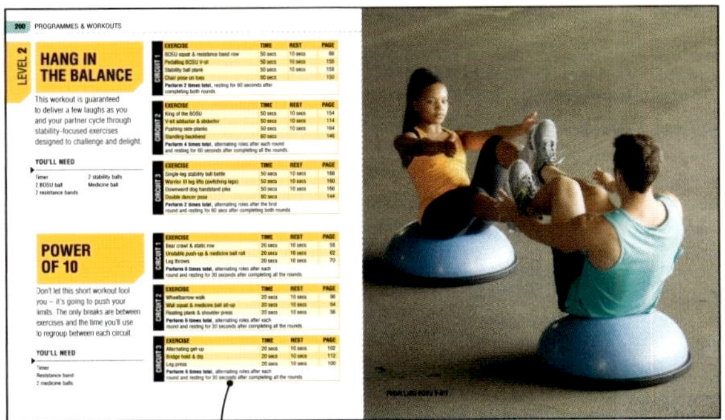

각각의 운동은 이 책의
운동들을 통합한 것이다.

WORKOUTS

운동은 세 가지 난이도로 나뉘며, 주로 같은 난이도의 운동으로 구성된다.
운동은 형태와 길이가 다양하며, 당신의 몸이 계속 추측하고 진행할 수 있도록 다양한 시퀀스를 제공한다.

각 프로그램은 운동을
루틴으로 결합한다.

PROGRAMS

이 책은 난이도 별로 구분된 3개의 30일 운동 프로그램을 제공한다.
하나의 프로그램을 완료한 후 추가로 반복하거나 다음 프로그램으로 진행할 수 있다. 이 책을 초급자로서 사용하기 시작한다면, 레벨 3 운동 프로그램을 완료하는 것을 목표로 하여 이 책을 자신의 속도에 맞춰 진행할 수 있다.

방법

1
제공된 워밍업 운동을 사용하여 모든 운동 전에 워밍업을 수행한다.

2
당신의 평가에 따라 첫째 날에 시작할 만한 적절한 운동 프로그램을 골라보세요.

3
운동 페이지로 돌아가 운동을 수행하고 추가 지침이 필요한 경우 개별 운동 페이지에서 추가 설명을 보며 스스로 한 운동을 평가할 수 있다.

4
제공된 쿨다운 스트레칭으로 각 운동을 마무리한다.

5
30일 동안 운동 프로그램을 지속한다. 한 달 후에 체력 수준을 재평가하고 프로그램을 반복하거나 다음 프로그램으로 진행한다.

파트너 선택 CHOOSING A PARTNER

이 책에 제공된 동작들과 운동들은 파트너가 각 연습 동안 서로 적극적으로 참여할 것을 요구한다. 이유는 때때로 파트너의 체중을 들어 올리거나 파트너의 등을 뛰어넘을 때도 있기 때문이다. 파트너를 선택하는데는 엄격한 규칙은 없지만, 너무 가벼운 마음으로 고르지 않는걸 추천한다.

신장 HEIGHT

자신의 키에서 10cm(4인치) 이내의 파트너를 선택하는 것이 좋다. 한 파트너가 다른 파트너보다 키가 크면 그에 상응하는 몸통, 다리 및 팔 길이의 차이가 있어 많은 파트너 운동을 더 어렵게 만들 수 있다.

무게 WEIGHT

운동 목표를 달성하기 위해 자신의 체중에서 9~14kg 이내의 파트너를 찾는다. 키와 같이 파트너 간의 체중 차이는 특정 운동을 더 힘들게 만들거나 망칠 수 있다. 체중이 비슷한 파트너를 선택하면 서로를 들어 올리거나 지지해야 하는 운동 중에 더 큰 도움이 될 것이다.

운동레벨 FITNESS LEVEL

비슷한 체력 수준을 가진 파트너를 선택한다. 당신과 당신의 파트너가 수준이 크게 다르다면, 당신 중 한 사람은 파트너의 수준에 맞추기 위해 자신의 운동을 타협해야 할 것이다.

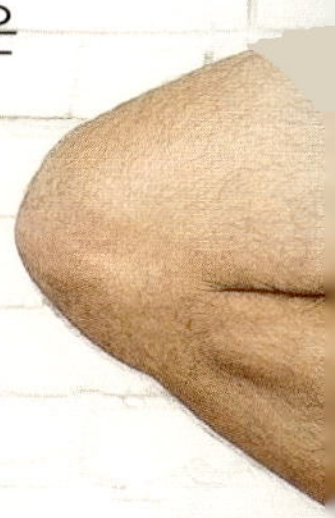

운동목표 FITNESS GOALS

운동 목표가 같은 사람과 파트너가 된다. 예를 들어, 운동자의 궁극적인 목표가 14kg의 근육량을 증가시키는 것이지만 파트너가 더 유연해지기를 원한다면 목표가 달라질 수 있다. 자신의 목표와 비슷한 파트너와 함께 운동을 하는 것이 가장 좋다.

파트너가 완벽한 매치가 아니라면

다른 키, 체중 또는 체력 수준의 파트너와 함께 운동하는 것은 절대적으로 괜찮지만 약간의 조정이 필요할 수 있다. 제공된 운동을 시작하기 전에 각 운동을 테스트하여 설명된 대로 움직임을 편안하게 수행하는지 확인한다. 그렇지 않다면 둘 다 할 수 있는 다른 운동을 찾아 대체한다. 그리고 모든 운동에 동일한 파트너가 있어야 한다고 생각하지 않는다.

운동 계획하기

장소 선택

파트너 운동은 두 명의 몸으로 운동하기 때문에 혼자하는 운동보다 더 많은 공간이 필요하다. 공원, 에어로빅 센터 또는 농구 코트와 같이 움직일 수 있는 공간을 선택한다. 많은 운동에는 도구가 필요하므로 필요한 것을 사용할 수 있는지 확인한다.

서킷 트레이닝 선택

이 책의 운동은 주로 서킷으로 디자인 되어 있다. 이러한 종류의 훈련은 두 파트너 모두를 움직이게 하며 심박수를 높이는데 도움을 준다. 각 운동의 지침서를 주의 깊게 읽어야 운동과 휴식 시간을 고려하여 운동하는 방법을 이해할 수 있다.

저항 및 강도 선택

저항이나 강도에 대해 항상 파트너와 일치할 필요는 없다. 이것은 메디신볼, 덤벨 및 저항밴드를 사용할 때 특히 그렇다. 파트너의 저항에 따라 다양한 도구를 자유롭게 선택한다. 그리고 강도에 관해서는 자신의 컨디션에 맞게 진행하는 것을 잊지 않는다. 운동은 힘들지 않고 도전적이어야 한다.

규칙설정

파트너가 함께 운동을 하며 약간 다른 기대를 갖는 것은 드문 일이 아니다. 당신은 힘든 세션을 기대하고 파트너가 운동 내내 이야기를 하기를 원한다면 당신은 좌절감을 느낄 가능성이 높다.
운동을 취소하기 몇 시간 전에 통지를 해야 하는지, 운동하는 동안 얼마나 이야기하고 싶은지 등 기대에 대해 파트너와 상의한다. 기대치를 맞추면 경험이 향상된다.

필요한 도구들 WHAT YOU'LL NEED

이 책의 많은 운동은 장비가 필요하지 않지만, 몇몇의 운동에서는 효과를 최대화 시키기 위한 균형 및 저항 도구를 쓸 것이다. 운동에 대한 다양한 도구를 통합함으로써 더 많은 옵션을 제공하는 동시에 근력, 균형 및 협응력을 더욱 향상시킬 수 있는 수단을 제공한다.

저항밴드 RESISTANCE BANDS

이 도구는 가변적이지만 지속적인 저항을 제공하기 때문에 독특한 근력 훈련 도구이다. 다시 말해, 당신은 각 운동의 들어올리기 및 내리기 단계에서 밴드의 저항에 대항하여 운동하게 되고, 밴드가 늘어날 수록 저항이 더 어려워지게 된다. 두 파트너가 동시에 밴드를 늘릴 수 있기 때문에 파트너 운동에 적합한 도구이다.

메디신볼 MEDICINE BALL

혼자 운동한다면 메디신볼 던지고 잡기가 어렵지만 파트너와 함께라면 혼자서 하기 힘든 상체의 힘과 협응력을 높이는 운동 등 다양한 운동을 할 수 있다.

덤벨 DUMBBELLS

덤벨이 전세계 체육관에서 필수품인 이유가 있다. 안정적이고 효과적이다. 운동을 더 열심히 하고 싶을 때마다 사용하는 덤벨의 무게를 늘리거나 운동에 덤벨을 추가한다.

보수볼 BOSU BALL

보수(Both Sides Utilized), 밸런스 트레이닝은 협응과 균형능력에 도전하며 독특한 모양으로 균형 훈련을 더 쉽게 할 수 있다. 안정성이 있는 쉬운 버전의 운동을 위해서는 보수의 돔을 위로 하여 사용하거나, 더 큰 도전을 위해 뒤집어 사용할 수 있다.

기타 유용한 장비

- ***타이머:*** 대부분의 운동은 서킷 또는 인터벌 형식으로 설정되기 때문에 자신의 운동시간과 휴식시간을 추적해야 한다. 휴대폰이나 태블릿에 인터벌 타이머를 다운로드하여 필요에 따라 시간 간격을 조정할 수 있다.
- ***신발:*** 퀄리티가 좋은 운동화 한 켤레는 운동하는 동안 당신을 지지하고 외부로부터 당신을 보호해 줄 것이다. 브랜드나 가격으로 신발을 구매하지 말고 착용감과 편안함을 고려하여 신발을 구매한다.
- ***물 병:*** 운동 전, 운동 중, 운동 후에 수분을 유지하는 것은 운동을 수행할 때 매우 중요하다. 항상 물병을 휴대하고, 운동하는 동안 정해진 양의 물을 마시기 위해 10분에서 15분마다 휴식을 취하는 것을 추천한다. 스포츠 음료에 돈을 쓸 필요가 없다. 기본 물이 가장 좋다.
- ***요가 매트:*** 요가 매트는 특정 운동이나 운동의 기본 요건은 아니지만 항상 사용할 수 있는 것이 좋다. 특히 한쪽 또는 양쪽 파트너가 바닥에 앉거나 누워 있을 때 더욱 그렇다.

짐볼 STABILITY BALL

파트너 운동에 짐볼을 한두 개 추가하면 새로운 재미 요소가 추가된다. 당신과 당신의 파트너는 혼자서는 할 수 없는 일련의 운동을 통해 균형을 잡고 부딪히고 굴릴 수 있다.

해부학 ANATOMY

이 도표는 근육 구조에 대한 접근이 가능하고 이해하기 쉽게 설명되어 있다. 당신의 몸의 근력, 균형 및 협응력을 향상시키기 위해 특정 운동 중에 신체의 다른 근육이 어떻게 사용되는지 더 잘 이해할 수 있도록 한다.

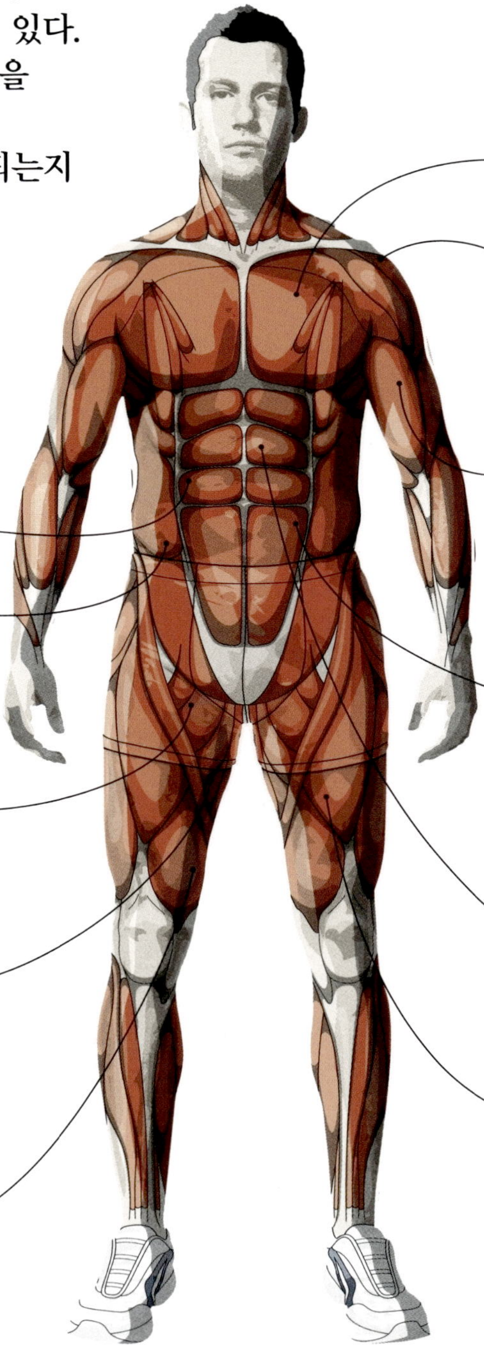

복횡근, 배가로근
Transverse abdominis
복부의 깊숙한 곳에 위치한 이 근육은 골반과 척추에 안정성을 제공한다.

내/외복사근, 배속/바깥빗근
Internal and external obliques
이 두 근육 그룹은 갈비뼈와 척추에서 엉덩이까지 몸통을 감싸고 있어 골반과 척추를 지지하면서 구부리고 비틀 수 있다.

장요근, 엉덩허리근 (고관절 굴곡근)
Illiopsoas (Hip Flexor)
이 근육은 운동 수행의 중요한 움직임인 엉덩이를 구부릴 수 있게 해준다.

내전근, 모음근 Adductors
내전근은 단내전근, 장내전근, 대내전근, 치골근, 박근으로 이루어져 있다. 이 근육 그룹은 몸의 정중선을 중심으로 다리를 다시 당겨올 수 있게 움직여주는 역할을 한다.

외전근, 벌림근 Abductors
외전근은 중둔근, 소둔근, 대퇴근막장근, 그리고 봉공근으로 이루어져 있다. 이 근육 그룹은 다리를 바깥으로 벌리는 역할을 한다.

흉근, 가슴근(가슴)
Pectorals(Chest)
흉근은 대흉근, 소흉근으로 이루어져 있으며 이 근육들은 전거근과 함께 어깨의 움직임과 안정화에 중요한 역할을 한다.

삼각근, 어깨세모근(어깨)
Deltoids (Shoulders)
삼각근은 전면, 측면, 후면으로 구성된 근육이며 팔을 들어 올리고 회전시키는 역할을 한다.

상완이두근, 위팔두갈래근 Biceps
이 근육은 두 개의 머리로 구성되어 있으며 어깨의 굴곡, 아래팔의 굴곡 및 뒤침을 돕는다.

복부근 Abdominals
일반적으로 식스팩 근육으로 알려진 복직근보다 복부에는 더 많은 근육들이 있다.

복직근, 배곧은근
Rectus abdominis
이 근육은 자세를 유지하고 몸통의 길이를 컨트롤하며 척추를 굴곡하는 역할을 한다.

대퇴사두근, 넙다리네갈래근
Quadriceps
대퇴사두근은 대퇴직근, 외측광근, 내측광근, 중간광근의 4가지 주요 근육으로 구성되어 있다. 운동과 일상적인 움직임에서 중요한 동작인 무릎을 구부리는 역할을 한다.

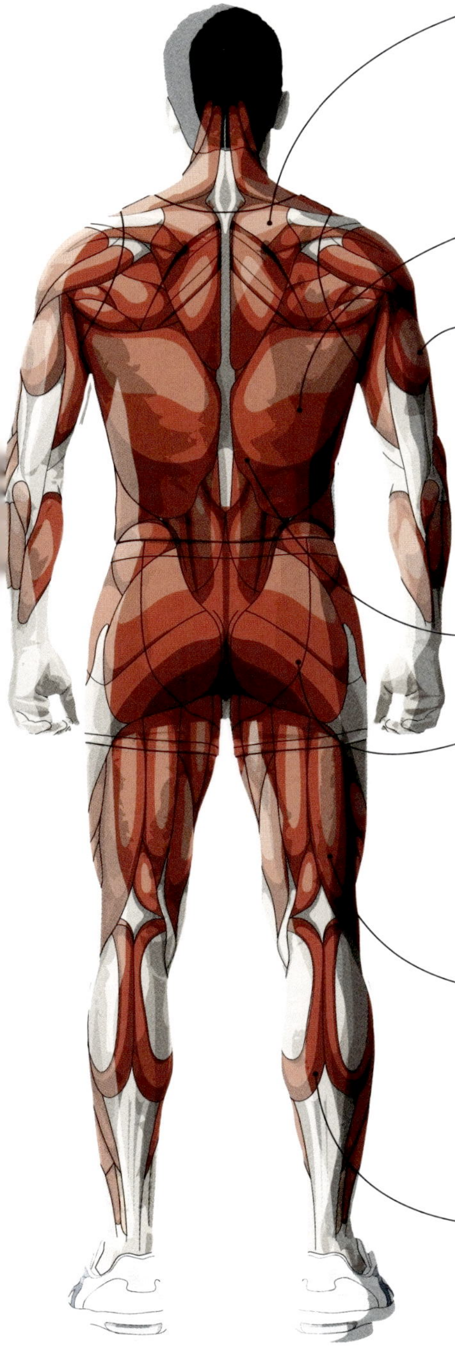

승모근, 등세모근
Trapezius

승모근은 등과 목의 윗부분에 위치해 있으며 이 근육은 어깨를 으쓱하는 동작에 견갑골을 움직이는 역할을 한다.

광배근, 넓은등근
Latissimus dorsi

등에서 가장 큰 근육인 광배근은 풀업을 할 때처럼 팔을 몸의 중간선 쪽으로 당길 때 중요한 역할을 한다.

상완삼두근, 위팔세갈래근
Triceps

삼두근은 세 개의 머리로 구성되어 있으며, 어깨와 팔꿈치 사이의 팔뚝 뒤쪽을 따라 위치해있다. 이 근육은 팔꿈치를 펴는 역할을 한다.

척추기립근, 척추세움근
Erector spinae

척추기립근은 척추 전체에 붙어 있으며 척추의 회전을 도울 뿐만 아니라, 등을 곧게 유지하고 펴는 역할을 한다.

둔근 Gluteals

둔근은 대둔근, 중둔근, 소둔근이 함께 강력한 엉덩이 근육을 구성한다. 이 근육은 엉덩이와 허벅지를 움직이기 위한 역할을 하고, 다른 근육 그룹과 함께 하지를 움직이기 위해 사용된다.

햄스트링 Hamstrings

대퇴사두근의 균형을 잡아주는 역할을 하는 햄스트링의 세 가지 근육인 대퇴이두근, 반건양근, 반막양근이 함께 작동하여 무릎을 구부리고 엉덩이를 펴는 역할을 한다.

종아리근육 Calves

종아리의 두 가지 주요 근육인 비복근과 가자미근은 땅에서 발을 내딛고 밀어내는 것을 가능하게 한다.

"코어" 근육은 무엇인가?

코어라는 용어는 피트니스에서 많이 사용되며 종종 "복근"의 동의어로 생각되지만 실제로는 그렇지 않다. 코어는 실제로 엉덩이와 어깨 사이의 모든 근육, 특히 골반과 흉곽을 안정화하고 지지하는 근육으로 구성된다.

또 다른 일반적인 표현으로 *코어를 사용한다고 할 땐*, 가슴, 등, 목 근육을 사용하는 동시에 엉덩이, 복근, 등, 어깨를 안정화시키는 근육들을 강화하는 것이다. *코어*가 피트니스 화두인 이유는 무엇일까? 강한 코어는 좋은 자세와 운동 중 부상 위험 감소와 관련이 있다. 또한 요통을 예방하고 줄이는 핵심 요소이다.

재미있는 사실

특정 운동이 특정 근육 그룹을 목표로 한다고 해서 다른 더 많은 근육을 사용하지 않는다는 의미는 아니다. 사실, 한 걸음 내딛기 위해 200개의 다른 근육을 사용한다.

기본 자세 BASIC POSITIONS

거의 모든 운동은 기본 시작 자세로 시작하거나 기본 동작을 포함한다. 이러한 자세와 동작을 익히면 이 책에 나오는 거의 모든 운동을 빠르고 효과적이며 안전하게 수행할 수 있다. 각 동작에 맞는 올바른 자세를 아는 것은 효과적이고 안전한 운동루틴을 즐기는 데 필수적이다.

SQUAT

스쿼트는 잘못 수행하기 가장 쉬운 운동 중 하나이다.
스쿼트를 할 줄 안다고 생각하더라도 운동하기 전에 자세를 다시 한 번 확인한다.
기억할 것: 무릎을 굽히는 것이 아니라 엉덩이를 뒤로 밀면서 움직임을 시작한다.
이렇게 하면 체중이 발뒤꿈치 중심에 놓이도록 도와준다.

LUNGE

스쿼트와 같이 런지는 종종 잘못 수행된다.
올바른 런지 자세를 익히면 부상 위험을 줄이면서 보다
도전적인 런지 운동을 수행하는 데 자신감을 가질 수 있다.

올바른 자세

DEFENSIVE STANCE

방어 자세 또는 운동 자세는 어떤 방향으로든 빠르게 움직일 수 있도록 준비하는 기본 자세이다. 활동적인 운동의 시작 위치인 경우가 많으며 다양한 스포츠에서 사용되는 자세이다.

올바른 자세

HIGH PLANK

하이 플랭크의 올바른 자세는 팔굽혀펴기를 시작할 때의 올바른 자세와 동일하다.
팔을 곧게 펴고 코어를 단단히 조이고 상체가 바닥에서 떨어지도록 한다.
하이 플랭크를 올바르게 할 수 있다면 푸쉬업도 마스터할 수 있다.

Bottom of a Push-up

푸쉬업의 맨 아래는 실수가 자주 발생할 때다.
특히 바닥에 몸을 낮췄다가 다시 밀어 올릴 때이다.
이 전환 동안 척추와 목의 정렬에 주의한다.

준비운동 WARMING UP

준비운동 없이 힘든 운동을 시작하는 것은 공부 없이 시험을 보는 것과 같다. 좋은 결과는 거의 없다. 워밍업은 심장이 작동하는 근육에 더 많은 혈액과 산소를 펌핑하기 시작함에 따라 코어 온도를 점진적으로 상승시킬 수 있다. 궁극적으로 이것은 운동을 준비하고 부상을 예방하는 데 도움이 된다. 5가지 워밍업을 순서대로 모두 수행한다.

POTATO SACK LUNGES

이 운동을 수행할 때 여러분은 마치 3족 경기를 하는 것처럼 파트너와 함께 움직이게 될 것이다. 파트너와 지속적으로 의사소통하며 운동을 진행한다.

1 파트너와 어깨를 맞대고 나란히 서서 안쪽 팔로 파트너의 어깨나 엉덩이를 감싼다. 안쪽 다리를 나란히 움직이면서 런지를 하기 위해 함께 앞으로 나아간다.

2 앞발 뒤꿈치를 통해 밀어 일어서고, 바깥쪽 다리를 들어올려 앞으로 내딛는다. 다시 발 뒤꿈치를 통해 밀어 앞으로 나아간다. 1분 동안 번갈아 단계를 유지한다.

PLANK QUICK FEET

이 준비운동은 한 파트너가 정적 플랭크에 참여하는 동안
다른 파트너가 파트너의 다리를 가로질러 조깅을 한다.
이 동작은 심박수를 증가시키고 더 격렬한 운동을 준비하는 데 도움이 된다.

DOWNWARD DOG & BEAR CRAWL

이 운동은 운동자와 파트너가 액티브한 스트레칭과 어깨, 가슴, 대퇴사두근 및 엉덩이를 계속 쓰는 유산소를 결합한 운동을 하게 될 것이다.
각 파트너는 서로 위치를 계속 바꾸며 똑같은 근육들을 쓰며 운동할 수 있게 된다.

3

파트너 아래로 기어간 후
90° 회전하고 하이 플랭크 자세로
정렬을 맞춘다.

파트너가 당신의 밑으로 기어간 후
원래의 하이 플랭크로 허리를 낮추고
파트너를 향해 90° 회전하여
곰 크롤링 위치를 설정한다.

무릎이 바닥에서 떨어지지 않도록 손과 발볼을 사용한다.

4

하이 플랭크 자세를 한 후,
엉덩이를 하늘을 향해
들어올리면서 V자 자세가 되도록
손바닥과 양발을 통해 밀어준다.
역할을 계속 바꿔가며
이 운동을 1분 동안 수행한다.

파트너가 다운 독 동작을 할 때
무릎을 바닥에서 떨어트린 상태를
유지하면서 파트너의 몸 아래로
앞으로 기어간다.

변형동작
VARIATION

공간이 제한된 경우
한 횟수를 진행한 후
운동을 역방향으로
진행해서 역할을 바꾸기
전에 파트너 아래로 뒤로
기어간다.

LEAP FROGS

이 책에서 제공하는 준비운동을 수행할 때 항상 이 운동을 마지막으로 수행한다. 즉, 본격적인 운동 루틴을 시작하기 직전이다. 이 동작은 준비운동 중에 가장 힘든 동작이며, 다른 준비운동은 플라이오메트릭 점프를 수행할 수 있도록 준비한다.

1

무릎을 약간 구부린 채로 파트너 뒤에 서서 앞으로 몸을 기울이고 손바닥을 파트너의 어깨 바로 아래 등 위쪽에 안전하게 놓는다.

두 손을 편평하게 하여 무릎과 발 사이 바닥에 놓고 쭈그려 앉는다.

2

가슴, 삼두근 및 어깨의 근육을 사용하여 파트너의 등을 넘을 때 손바닥을 통해 약간 아래로 밀면서 앞으로 점프한다.

코어를 단단히 잡아놓고 복근, 엉덩이, 허리 그리고 어깨까지 수축시킨다.

3

파트너가 운동자의 등을 넘은 뒤 웅크린 자세를 취하면 운동자는 일어나 무릎을 약간 구부린 상태로 파트너의 등에 손을 올린다.

파트너 위로 힘차게 뛰어 넘고 다시 발사대가 될 준비를 한다.

무릎을 약간 구부린 채 부드럽게 착지하고 즉시 웅크려 앉아 무릎 사이로 손을 바닥에 내린다.

4

전체 운동 루틴을 진행하기 전에 역할을 계속 바꿔가며 이 운동을 1분 동안 수행한다.

파트너가 도약하기 전에 고개를 숙인다.

코어를 조인다.

당신의 파트너를 뛰어넘기 위해 다리를 넓게 벌리고 등을 손바닥으로 밀어내며 넘어간다.

더 쉽게 MAKE IT EASIER

웅크리고 있는 파트너는 무릎을 바닥에 떨어뜨리고 위로 구부려 더 낮은 장애물을 만든다. 뛰는 파트너는 모든 것을 동일하게 수행하지만 점프하는 대신 한 번에 한 다리씩 넘어간다.

마무리운동 COOLING DOWN

유연성은 피트니스의 5가지 구성요소 중 하나이며, 운동 프로그램에서 매우 중요하다. (종종 간과되는 경우가 많다.) 운동 후 마무리운동의 일부로 스트레칭을 사용하면 여러분의 근육은 이미 따뜻하고 유연하여 주요 관절을 통해 운동 범위를 유지하거나 심지어 더 쉽게 늘릴 수 있다.

FORWARD FOLD

이 운동으로 종아리, 햄스트링, 둔근, 그리고 등 전체를 스트레칭하게 된다. 다리를 쭉 펴서 유지하는 것이 너무 어렵다면 무릎을 약간 구부린 상태에서 이 운동을 수행한다.

1 파트너랑 등을 마주하고 서서 머리 위로 팔을 뻗을 때 숨을 들이마신다.

2 파트너의 팔을 잡기 위해 팔을 뒤로 뻗으면서 상체를 바닥으로 "스완 다이브" 한다. 이 자세를 5번의 심호흡 동안 유지하고 두 단계를 3~5회 반복한다.

CHILD'S POSE & BACKBEND

이 스트레칭은 두 파트너 모두에게 편안한 느낌을 주어야 한다.
한 파트너는 척추와 어깨가 늘어나는 것을 즐기고 다른 파트너는 어깨와 가슴, 고관절 굴곡근과 코어를 스트레칭하는 가슴을 여는 백벤드를 즐긴다.

1

바닥에 무릎을 꿇고, 발 뒤꿈치 위에 앉는다. 다리를 접고 팔을 앞으로 뻗어 힘을 뺀 상태로 스트레칭을 한다.
이것이 차일드 포즈이다.
심호흡을 2회 실시한다.

파트너가 차일드 포즈를 취하고 있을 때 그의 꼬리뼈에 가볍게 앉는다. 서로의 꼬리뼈와 꼬리뼈가 닿고 손을 사용해서 엉덩이를 더 아래로 밀 수 있도록 도와준다.

2

스트레칭을 번갈아 가면서 두 번 수행한다.

호흡을 깊게 하며 차일드 포즈를 유지한다. 편안함의 정도에 대해 파트너와 소통한다.

몸을 뒤로 젖히면서, 몸통이 일직선으로 펴질 때까지 여러분의 척추를 파트너의 척추와 맞춘다. 팔을 머리 뒤로 뻗고 심호흡을 5번 실시한다.

STRADDLE & PULL

이것은 햄스트링, 내전근 및 허리를 위한 또 다른 훌륭한 스트레칭이다.
이는 허벅지 안쪽의 내전근을 목표로 하여 유연성을 높이는 동시에 척추와 햄스트링을 길게 뻗는 데 도움이 된다. 과도한 스트레칭을 방지하기 위해 천천히 움직인다.

1

바닥에 앉아 다리를 넓게 벌린다.
두 다리 벌린 자세에서 파트너를 마주하고 엉덩이에서 약간 앞으로 기울여 파트너의 팔뚝을 잡는다.

파트너와 발을 붙이고 무릎은 위를 향하게 한다. 가슴은 들고 어깨는 뒤로, 복근을 수축하여 좋은 자세를 유지한다.

2

깊게 숨을 들이마시고 내쉴 때 천천히 뒤로 기대어 파트너를 앞으로 당겨 그의 가슴이 엉덩이쪽 바닥을 향하게 한다.

깊게 숨을 들이마시고 내쉴 때 파트너가 팔을 당김으로서 상체가 앞으로 내려가도록 한다. 다리 사이에 가슴과 몸통을 똑바로 기울인다.

당신의 파트너에게 당신의 햄스트링과 허리에 깊은 스트레칭이 느껴지면 당기는 것을 멈추라고 말한다. 10회 호흡 동안 그 자세를 유지한다.

STANDING FIGURE 4 HIP STRETCH

둔부와 후방근육의 깊은 스트레칭을 위해 이 운동을 시도한다.
이 동작은 균형과 협응력이 필요하지만 혼자보다 파트너와 함께 수행하는 것이 더 쉽다.

1 파트너를 마주보고 서서 앞으로 손을 뻗어 파트너의 손목이나 팔뚝을 잡는다. 왼발을 바닥에서 들어올리고 왼쪽 발목을 오른쪽 허벅지 위에 4자 모양으로 놓는다.

2 지지한 다리의 무릎을 구부리고 변형된 스쿼트 자세로 낮추면서 엉덩이를 뒤로 밀어낸다. 왼쪽 엉덩이와 후방근육들의 바깥쪽이 스트레칭되는 것을 느껴야 한다.

스트레칭이 잘 되는 것이 느껴지면 멈추고 이 자세를 5번의 심호흡 동안 유지한다.

회복 RECOVERY

스트레칭만이 운동 후 루틴을 극대화하는 유일한 방법은 아니다. 회복력을 높이려면 수분, 영양, 셀프 마사지를 고려하는 것이 중요하다.

수분 공급 HYDRATION

모든 세포 기능은 물을 매개로 이루어진다. 세포가 탈수되면 신체가 모든 실린더에서 효과적으로 작동할 수 없다. 그 결과 신체가 완전히 수화되었을 때만큼 빨리 주요 영양소를 전달하거나 세포에서 노폐물을 제거할 수 없기 때문에 신진대사가 느려지고 근육조직의 회복에 장애가 생긴다.

운동 후 수분을 보충하여 적절하게 수분을 공급하면 세포가 최적의 속도로 회복되고 복구될 수 있다. 이것은 실제로 다음 운동을 준비하는 데 도움이 되므로 최고의 컨디션으로 체육관에 갈 수 있다.

스포츠 음료는 필요 없어!

스포츠 음료에 포함된 **여분의** 포도당(설탕)과 전해질(대부분 나트륨 및 칼륨)을 운동 후 식사로 대체한다. 액체로 교체해야 할 만큼 충분히 손실되지 않는다.

수분 섭취량

일반적인 가이드라인은 대부분의 운동에 적용되지만 덥고 습한 환경이나 고강도 운동을 할 때는 수분 섭취를 늘려야 한다.

운동 전

운동 2시간 전에 약 500 ml의 물을 섭취한다.

운동 중

운동을 하며 15분~20분마다 120~180 ml의 물을 마시며 휴식을 취한다.

운동 후

운동 후 몇 시간 동안 1~2L의 물을 천천히 섭취하여 수분을 보충한다.

FOAM ROLLING

마사지는 근육 섬유로의 주요 영양소 전달을 지원하고 노폐물을 제거하면서 뭉친 것을 풀어준다. 마사지 치료사가 없다면 폼롤러가 차선책이라고 생각해도 좋다.

1 단단한 폼롤러 위로 근육 그룹을 천천히 굴린다.

2 근육이 뭉친 부위를 발견했다면, 뭉친 부분을 풀어주기 위해 그 부위를 폼롤러로 가로질러 가볍게 움직이며 이완시켜준다.

3 근육 그룹을 나누어 1단계와 2단계를 대략 10회 반복한다.

GLUTE ROLLOUT

롤러 위에 앉아 손은 뒤에서 바닥을 짚는다. 다리를 꼬고 들어 올린 둔부에 체중을 싣는다. 롤러를 가로질러 굴린다. 10회 반복한 후 다리를 바꿔서 실시한다.

영양 섭취 NUTRITION

힘든 운동은 이화작용을 한다. 신체에서는 움직임을 위한 에너지를 만들기 위해 더 큰 분자들을 분해한다. 제대로 연료를 공급하지 않으면 회복을 위한 에너지 요구량이 더 큰 분자들을 분해하게 되며 글리코겐 고갈과 근육 손실 같은 바람직하지 않은 결과를 초래할 수 있다.

만약 운동하기 약 1시간 전에 식사를 한다면, 이 영양소들은 운동을 할 때 당신에게 도움이 된다. 운동 후 2시간 이내에 식사를 하는 것을 목표로 하고 규칙적인 식사를 하거나 다음 정식 식사 전에 회복을 돕기 위한 소량의 식사 또는 간식을 먹는 것을 추천한다.

균형 잡힌 단백질-탄수화물 식사

단백질과 탄수화물이 풍부한 식사 비율은 대략 1:4이다. 목록에 있는 것들 중 하나처럼, 운동 후에 바로 먹는 것은 여러분의 몸의 회복과 또 회복에 필요한 영양분을 공급한다.

- **요거트 파르페:** 그릭요거트 225g과 블루베리 225g, 꿀 한 큰술, 호두 5g
- **초콜릿 우유:** 225ml
- **참치 샐러드 샌드위치와 중간크기의 바나나:** 참치 5g, 마요네즈 한 큰술, 피클 무 한 큰술, 통밀빵 2장
- **닭 야채 볶음밥:** 닭/야채볶음 170g과 현미 한 컵
- **계란 샌드위치:** 삶은 달걀 2개, 시금치 6장, 토마토 한 조각, 통밀빵 두 조각
- **스파게티:** 1/3컵의 토마토 미트소스가 들어간 스파게티 113g
- **터키랩 그리고 아기당근 1/2컵:** 밀랩 안에 들어간 터키 5g, 아보카도 반 컵, 허무스 두 큰술, 원하는 만큼의 싱싱한 야채
- **베이글:** 땅콩버터 한 큰술과 잼 한 큰술이 발려 있는 베이글 한 개
- **시리얼:** 시리얼과 우유 225g 컵
- **땅콩믹스:** 땅콩믹스 1/3컵
- **프로틴 바**

MID- TO UPPER-BACK ROLLOUT

등 중앙에 폼롤러가 수직으로 위치하도록 눕는다. 엉덩이를 들어올려 등 중간에서 위쪽으로 천천히 위아래로 굴린다. 10회 동안 이 동작을 반복한다.

QUAD ROLLOUT

팔뚝으로 균형을 잡고, 대퇴사두근 밑에 폼롤러를 둔다. 무릎 위에서 고관절 바로 아래까지 폼롤러를 천천히 굴린다. 발가락이 뒤로, 바깥쪽으로, 안쪽으로 향하게 하여 10회 동안 동작을 반복한다.

2

저항운동
RESISTANCE EXERCISES

파트너와 함께 저항운동을 수행하는 동안
근력, 순발력, 속도 및 민첩성을 트레이닝할 수 있다.
이 운동 프로그램들은 전신 근력을 강화하는
동시에, 특정한 도구를 사용하여 원하는
각 부위를 단련할 수 있게 해준다.

레벨 1

SQUAT & RESISTANCE BAND SPRINT

필요한 도구 **저항밴드**

이 운동은 하체 저항 운동과 유산소를 동시에 수행할 수 있게 해준다. 파트너가 스쿼트 자세에서 버티고 있으면 운동하는 사람은 최대 속도로 앞을 향해 스프린트를 수행한다. 스프린트를 수행하는 사람이 저항을 크게 느낄수록 두 파트너에게 모두 운동강도가 더해지기 때문에 파트너가 저항밴드를 팽팽하게 잡고 있는 것이 중요하다.

1

파트너와 같은 방향을 보고 서서 저항밴드를 엉덩이 높이에 맞춘다.

파트너의 엉덩이 높이에 저항밴드를 감은 뒤, 양 손으로 각 밴드의 끝 부분을 잡는다.

2

한 발을 앞으로 딛어 스프린트 준비 자세를 취한다. 이때, 무릎을 구부리고 엉덩이를 살짝 뒤로 민 자세를 유지하며 몸통이 전방을 향하도록 한다.

밴드를 잡고 있는 두 팔을 뻗어 그대로 고정한 뒤, 스쿼트 자세를 취한다.

3 운동 목표에 맞춰 운동 동작을 반복 수행한다.

최대 저항을 느껴 더 이상 앞으로 달려 나가지 못할 때까지 빠른 속도로 스프린트 동작을 실시한다.
이때, 팔과 다리를 지속적으로 교차하여 뻗어준다.

자세를 고정할 수 있도록 더 낮은 스쿼트 자세를 유지한다.
이를 위해서는 팔을 뻗고, 하부 등 근육을 수축해야 한다.

더 어렵게 MAKE IT HARDER

밴드를 잡고 있는 파트너는 스쿼트 자세를 유지하면서 앞으로 나갈 수 있으며, 스프린트를 하는 사람은 저항을 느끼며 앞으로 천천히 계속 도약할 수 있다.

레벨 1

SIDE LUNGE & TWIST

필요한 도구 **저항밴드**

이 운동은 대퇴사두근, 둔근, 안쪽과 바깥쪽 허벅지가 사용되는 사이드 스텝을 변형한 것으로, 하체 트레이닝을 다양하게 즐길 수 있게 해준다. 저항밴드를 당기며 트위스트 하는 과정에서 코어, 복근, 등 하부, 엉덩이, 어깨 근육을 활성화 할 수 있다. 이 동작을 반복한다면 숨이 차는 수준의 운동 강도를 느낄 수 있다.

1 **파트너와 나란히 서서 저항밴드의 끝부분을 각자의 배꼽 위치에 놓고 양손으로 꽉 잡는다.**

더 어렵게 MAKE IT HARDER

더 멀리 떨어져서 밴드의 저항을 높이거나 저항이 더 큰 밴드를 사용한다.

2 파트너 반대편에 있는 바깥 다리를 넓게 벌려 구부린 뒤 사이드 런지 자세를 취한다. 이때, 엉덩이를 살짝 뒤로 민 상태로 바깥쪽 무릎과 발 끝이 같은 곳을 향하게 한다.

3 런지 동작을 할 때 가장 낮은 지점에서 몸통을 바깥쪽으로 회전하고, 하체를 고정해서 유지하며 이때 엉덩이, 허리, 복근 어깨 근육을 동원한다.

4 첫 번째 준비자세로 돌아간다. 운동 목표에 맞춰 2~4단계를 반복한다.

레벨 1

SUPERMAN LATS & BICEPS CURLS

필요한 도구 **저항밴드**

꼭 체육관에서만 제대로 된 등 운동을 할 수 있을까?
파트너와 저항밴드만 준비되어 있다면 언제 어디서든
광배근과 허리 근육을 집중적으로 강화할 수 있다.
또한 파트너와 역할을 바꾸어 상완이두근까지 트레이닝할 수 있다.

1 **각 파트너는 자신의 동작을 수행하기 전에 상대방이 알맞은 준비자세를 취할 때까지 기다린다.**

더 어렵게 MAKE IT HARDER

바닥에 엎드린 상태로 밴드를 뒤로 당길 때 다리를 들어올려 등 하부의 근육을 더 많이 동원하도록 한다. 이후, 팔을 펴면서 다리를 내린다.

2

가슴을 바닥에서 들어 올리고 팔꿈치를 구부려 저항밴드를 어깨 쪽으로 당긴다.

파트너가 밴드를 가슴 쪽으로 당기면 밴드를 뒤로 당긴다. 파트너가 동작을 수행하는 내내 저항감을 느낄 수 있도록 유지해야 한다.

3

양 팔을 앞으로 곧게 뻗고, 어깨를 들어올리기 위해 코어와 허리근육을 사용한다.

양 팔꿈치를 몸통에 붙여 고정하고 손을 어깨 쪽으로 구부려 이두근 컬을 수행한다. 이때 밴드의 저항을 계속 느껴야 한다.

4

운동 목표에 맞춰 2~4단계를 반복한다.

손을 시작 위치로 내린다.

시작 위치로 돌아간다.

REVERSE LUNGE & TRICEPS EXTENSION

필요한 도구 **동등한 강도의 저항밴드 2개**

리버스 런지로 하체를 단련하면서, 상완 뒤쪽 근육을 고립시켜 익스텐션을 통해 삼두근을 강화시키는 운동이다.
한쪽 팔을 다른 쪽 팔보다 더 많이 사용하는 치우침을 예방하기 위해 두 개의 저항밴드가 동일한 저항을 제공하는지 확인한다.

1 **파트너 반대편에 서서 각 저항밴드의 한쪽 끝을 양손으로 잡고 유지한다.**

2

리버스 런지를 수행하기 위해 오른 다리를 뒤로 내딛는다. 오른쪽 무릎은 바닥쪽으로 낮추고, 팔을 곧게 편 채로 밴드의 저항을 느끼며 뒤로 당겨 삼두근을 수축한다.

변형동작 VARIATION

리버스 **런지를** 변형된 동작으로 **대체할 수 있다.** 오른 다리를 왼 다리 뒤쪽으로 보내 교차시킴으로써, 오른쪽 무릎을 왼쪽 무릎 뒤에 위치하도록 만든다.

3

앞쪽에 위치했던 왼쪽 뒤꿈치로 바닥을 밀며 뒤쪽 다리를 당겨와 시작자세로 돌아온다.

4

왼쪽다리를 뒤로 빼고 리버스 런지를 수행하고, 밴드의 저항을 느끼며 팔을 뒤로 똑바로 당겨 삼두근의 수축을 느낀다.

레벨 1

WEIGHTED PLANK & DUMBBELL ROW

필요한 도구 **덤벨**

이 운동을 하는 동안 한 파트너는 벤치 역할을 하고 다른 파트너는 해당 벤치를 사용하여 등 상부를 목표로 덤벨 로우를 수행한다. 플랭크 동작을 하며 파트너의 체중을 지탱해야 하므로 강도 높은 훈련을 하게 된다.

1

오른손에 덤벨을 잡고 파트너의 오른쪽 엉덩이 오른쪽에 선다. 몸을 앞으로 구부려 파트너의 오른쪽 어깨에 왼손을 올려 놓고 왼쪽 다리를 뒤로 향하게 하여 런지 자세로 균형을 잡는다.

더 쉽게 MAKE IT EASIER

하이 플랭크 자세가 너무 어렵다면 무릎을 바닥으로 **낮추어** 수정된 하이 플랭크 자세를 취한다.

2

오른쪽 팔꿈치를 몸통 쪽으로 똑바로 당긴다.

어깨와 등 근육을 이용하여 덤벨을 가슴 쪽으로 당긴다. 이때 오른쪽 견갑골은 척추 쪽으로 당긴다.

하이 플랭크 자세를 유지하고 파트너의 체중을 지지하기 위해 양 팔과 코어 근육을 활성화한다.

3

오른쪽 팔꿈치를 펴고 덤벨을 아래로 늘어트리는 동작을 천천히 조절하면서 시작 자세로 돌아간다.

올바른 자세로 버틸 수 있는 적정무게를 파악하여 파트너에게 알려준다.

하이 플랭크 자세를 계속 유지한다.

레벨 1

WEIGHTED PLANK & TRICEPS EXTENSION

필요한 도구 **덤벨**

이 운동에서 한 파트너는 벤치 역할을 하며 코어 근육에 집중하고, 다른 파트너는 상완 뒤쪽 근육인 삼두근을 강화할 수 있다. 이때 벤치 역할을 하는 파트너에게 무게를 더해줌으로써 보다 강도 높은 하이 플랭크를 수행할 수 있다.

1

파트너의 왼쪽 엉덩이 왼쪽에 서서 왼손에 덤벨을 잡는다. 몸을 앞으로 구부려 파트너의 왼쪽 어깨에 오른손을 올려 놓고 왼쪽 다리를 뒤로 향하게 하여 런지 자세로 균형을 잡는다.

더 어렵게 MAKE IT HARDER

플랭크를 하는 동안 한 발을 바닥에서 **들어 올리고** 발가락은 아래로 향하게 한다. 파트너가 반대편에 위치하면 다리를 바꿔 수행한다.

위팔을 몸통 옆에 위치시키고 팔꿈치를 구부린다.

발을 골반 너비로 벌리고 하이 플랭크 자세에서 시작한다.

2

삼두근을 사용하여
팔꿈치를 완전히 펴고,
이때 덤벨을 엉덩이 너머 뒤로
밀어준다.
목을 척추와
일직선이 되도록
정렬을 유지한다.
목과 등을 일직선으로
정렬을 유지하고
복근을 수축한다.
하이 플랭크 자세를
유지하고 파트너의
체중을 지지하기 위해
양 팔과 코어 근육을
활성화한다.

3

움직임을 반대로 할 것이다.
팔꿈치를 구부리는 동작을 천천히
조절하면서 덤벨을 앞으로 가져온다.
하이 플랭크 자세를
계속 유지한다.
변형된 런지 자세는
대퇴사두근과 둔근을
더욱 강화할 수 있다.
올바른 자세로 버틸 수 있는
적정무게를 파악하여
파트너에게 알려준다.

레벨 1

RESISTANCE BAND CHEST PRESS & ROW

필요한 도구 **동등한 강도의 저항밴드 2개**

이 운동은 각 파트너의 역할에 따라 다른 부위의 근육을 단련하게 해준다.
한 파트너는 가슴 근육을, 한 파트너는 상부 등 근육을 강화할 수 있다.
두 파트너 모두 반대 근육그룹을 사용하기 때문에 쉬지 않고 역할을 바꾸기 쉽다.

1

각 저항밴드의 한쪽 끝을 양손으로 잡고 파트너와 반대 방향으로 선다.

파트너의 등을 보고 자세를 취한다. 손에 각 저항밴드의 한쪽 끝을 잡는다.

2

밴드의 저항을 느끼며 양 팔꿈치를 가슴 높이에서 똑바로 앞으로 편다.

밴드의 저항을 느끼며 팔을 뒤로 똑바로 당기고 양 팔꿈치를 구부린다.

3

더 어렵게
MAKE IT **HARDER**

저항 수준이 더 높은 **저항밴드를 사용하거나** 파트너와 더 멀리 서서 이 운동을 시작한다.

움직임을 조절하고, 팔꿈치를 너무 빨리 구부리지 않도록 한다.

움직임을 반대로 할 것이다. 천천히 조절하여 팔을 곧게 편다.

시작 자세로 돌아갈 때 팔의 스냅을 사용하지 않도록 한다.

팔꿈치를 너무 빨리 구부리지 않도록 움직임에 주의한다.

레벨 1

SQUAT, REACH & PASS

필요한 도구 **메디신볼**

이 전신 운동을 통해 다리, 둔근, 코어 그리고 어깨를 워밍업 할 수 있다. 동작을 수행할 때 올바른 자세를 유지해야 하며, 정확한 스쿼트 동작을 해내는 것이 중요하다.

1 파트너와 서로 등을 마주한 채로 멀리 선다.

2

스쿼트 동작을 수행하고, 가슴이 지나치게 바닥으로 기울어지지 않도록 시선을 살짝 위로 향한다.

다리 사이로 파트너에게 볼을 전달한다.

다리 사이로 팔을 뻗어 파트너에게서 공을 가져온다.

3

운동 목표에 맞춰 2~3단계 동작을 반복하도록 한다.

팔을 뻗을 수 있는 만큼 최대한 뻗는 것이 중요하다.

일어나서 두 팔을 머리 위로 뻗고, 살짝 뒤로 기울여 파트너로부터 공을 받는다.

일어나서 공을 든 두 팔을 머리 위로 들어 올리고, 살짝 뒤로 기울여 파트너에게 공을 패스한다.

더 어렵게 MAKE IT HARDER

더 무거운 공을 사용하여 저항을 높이면 전신에 운동강도를 더 높일 수 있다. 떨어뜨릴 염려 없이 머리 위로 들어올릴 수 있는 무게를 선택한다.

레벨 1

STABILITY BALL SIT-UP & PASS

필요한 도구 **짐볼**

짐볼이 이 운동에 무게를 더해주는 역할을 하지는 않지만,
짐볼을 이용함으로써 몸을 컨트롤하는 법을 훈련할 수 있으며
초보자의 경우 반동을 이용하지 않은 채 복근을 집중적으로 강화할 수 있게 해준다.
숙련자에게는 효과적인 코어 워밍업을 제공할 수 있다.

3

파트너에게서 공을 가져온다.

움직임을 반대로 할 것이다. 복근을 사용하여 앉은 자세로 롤업한 다음, 파트너에게 공을 건네준다.

동작 내내 엉덩이가 바닥에 붙어 있어야 한다.

변형동작 VARIATION

윗몸 일으키기를 하는 대신 45° 각도까지 내려가 몸을 양쪽으로 비틀어 공을 바닥에 터치하고 다시 올라와 앉는다.

4

머리 위로 두 팔을 들어올린 채 짐볼이 바닥에 닿을 때까지 롤 다운을 하여 뒤로 내려간다.

앉은 자세를 유지한다.

윗몸 일으키기를 할 때 허리가 바닥에 닿도록 유지한다.

5

움직임을 반대로 할 것이다. 복근을 사용하여 앉은 자세로 롤업 한 다음, 파트너에게 공을 건네준다.

파트너로부터 공을 받을 준비를 하려면 팔을 앞으로 쭉 뻗는다.

몸의 반동을 이용하여 올라오지 않도록 주의한다.

SLIDING CHEST PASS

필요한 도구 **메디신볼**

이 운동은 옆으로 걸으며 파트너와 메디신볼을 주고 받는 동작으로 상체근력을 강화하고, 동시에 심박수를 증가시킬 수 있는 좋은 운동방법이다. 가벼운 무게의 볼에서 시작하여 점차 무게를 높여가도록 한다.

1 **파트너와 마주보고 서서 무릎과 팔꿈치를 구부리고 발을 어깨너비로 벌린 상태로 준비 자세를 취한다.**

메디신볼을 손에 들고 오른쪽으로 한걸음 간다.

공을 잡을 준비를 하기 위해 팔을 뻗은 상태에서 왼쪽으로 한 걸음 내딛는다.

2 파트너에게 공을 던지고 다시 오른쪽으로 발걸음을 옮긴다.

3 공을 잡은 후 다시 오른쪽으로 움직인다.

4 **일정한 방향으로 2~3단계 동작을 5~10보 반복한 후, 동작을 반대로 하여 시작자세로 돌아간다.**

더 어렵게
MAKE IT **HARDER**

더 무거운 메디신볼을 사용하거나, 파트너와의 간격을 멀리함으로써 난이도를 올릴 수 있다.

레벨 2

FLOATING PLANK & SHOULDER PRESS

필요한 도구 **저항밴드**

이 운동을 하는 동안 두 파트너 모두 상체와 코어를 강화할 수 있다.
파트너 간 협응이 필요한 동작으로 의사소통이 중요하다는 것을 기억한다.
또한 오버트레이닝과 부상을 최소화하기 위해 동작을 완료할 때마다 서로 이야기하고 체크한다.

1

2

파트너가 두 발을 공중으로 들어올릴 때, 숄더 프레스 동작을 하며 두 팔을 머리 위로 들어올린다.

파트너가 두 발을 공중으로 띄우는 동안 저항밴드를 최대한 팽팽하게 유지한다.

복근의 힘으로 두 발을 공중으로 띄우며, 밴드의 도움으로 순간적으로 떠있는 플랭크 동작을 수행한다.

균형을 유지하기 위해 발꿈치에 무게 중심이 실리도록 하고, 무릎을 살짝 구부린다.

3

숄더 프레스 동작을 반대로 하여, 팔꿈치를 구부리며 손을 어깨 높이로 되돌린다.

허리, 엉덩이, 복근 수축 유지에 집중한다.

코어를 계속 사용한 채로 두 발을 다시 바닥에 내려 놓는다. 두 발을 바닥에 내려놓을 때 충격을 최소화할 수 있도록 무릎을 약간 굽혀준다.

더 어렵게 MAKE IT HARDER

동일한 저항의 **밴드 두 개를 사용한다.** 한 밴드를 오른손에, 다른 밴드를 왼손에 잡고 서로 다른 발목에 각각 고리를 감는다. 이렇게 하면 팔이 독립적으로 움직일 수 있다.

레벨 2

BEAR CRAWL & STATIC ROW

필요한 도구 **저항밴드**

이 운동의 강도와 효과를 결정짓는 핵심은
크롤 동작을 얼마나 빠르고, 힘 있게 수행하는 지에 따라 결정된다.
종아리부터 복근, 어깨까지 온 몸을 자극하는 전신운동에 속한다.

1

파트너 뒤에 서서 무릎을 약간 구부리고 저항밴드를 양손으로 잡는다.

허리 쪽에 저항밴드를 감고 동작을 시작하기 위해 손과 무릎을 땅에 붙여 준비자세를 취한다.

2

팔꿈치를 구부리며 견갑골을 뒤로 당기고 손을 몸통으로 당긴다.

밴드의 저항을 느끼며 손과 발 앞꿈치를 이용해 앞으로 나아가기 시작한다.

3

더 어렵게
MAKE IT **HARDER**

저항밴드가 최대한으로 늘어났을 때, 바닥에 있는 파트너는 한발씩 다리 위치를 빠르게 전환하는 마운틴 클라이머 동작을 추가로 할 수 있다.

4

운동 목표에 맞춰 2~4단계 동작을 반복한다.

레벨 2

LATERAL MEDICINE BALL THROW

필요한 도구 **메디신볼**

이 운동은 파트너 간 메디신볼을 좌우로 주고 받는 동작으로서, 어깨와 복사근을 강화하는 동시에 상체 힘을 잘 쓸 수 있도록 도와준다. 먼저 가벼운 무게의 볼을 가지고 동작을 완벽하게 익힌 뒤에 무게를 점차 높여 나가도록 한다.

3 허리를 보호하기 위해 코어를 조여 동작한다.

더 어렵게 MAKE IT HARDER

던질 때마다 파트너로부터 **한 걸음 더 멀리 이동한다.**

4 운동 목표에 맞춰 2~4단계 동작을 반복한다.

레벨 2

UNSTABLE PUSH-UP & MEDICINE BALL ROLL

필요한 도구 **똑같은 크기의 메디신볼 2개**

이 운동은 일반적인 상체 강화운동 즉, 가슴 근육, 삼두근, 코어 안정화 근육을 강화시키는 트레이닝에 비해 균형 감각과 협응력을 집중적으로 훈련시킬 수 있게 해준다. 볼의 무게는 어떤 것이든 상관 없지만 반드시 같은 크기의 공을 사용해야 한다.

1 **메디신볼을 오른 손바닥 아래에 둔 채, 파트너와 마주하여 하이 플랭크 자세에서 시작한다.**

2 **푸쉬업 동작을 수행하고, 다시 하이 플랭크 자세로 돌아오는 동안 각자의 볼을 파트너에게 굴려 전달한다.**

더 쉽게
MAKE IT **EASIER**

팔굽혀펴기를 할 때 **무릎을 바닥에 붙인다.**

3 그 다음 푸쉬업 동작을 수행하기 전에 각자의 오른쪽 손바닥 아래에 위치한 볼을 파트너에게 똑바로 굴린다. 왼손으로 파트너의 공을 안정적으로 잡는다.

4 다시 하이 플랭크 자세로 들어 올려 공을 파트너 쪽으로 굴린다.

레벨 2

WALL SQUAT & MEDICINE BALL SIT-UP

필요한 도구 **메디신볼**

이 운동의 다양한 역할에서 코어, 둔근 및 팔을 트레이닝하게 된다. 파트너 간 거리가 멀어질수록 공을 주고 받기 어려워지기 때문에 상체 근육의 훈련 강도를 높일 수 있다.

1

2

3

파트너의 공을 받기 위해 팔을 뻗는다.

더 어렵게
MAKE IT **HARDER**

파트너에게 무심코 **공을 패스하는 것부터 시작하되,** 서로가 더 편안해지면 더 강하고 날카로운 패스를 한다.

다시 시작자세로 돌아오면서 파트너에게 볼을 던져 전달하고 동작을 마무리한다.

파트너에게 공을 다시 던질 때 두 팔을 똑같이 사용한다.

다시 일어나기 위해 반동을 사용하지 않는다. 대신 코어를 사용하여 움직임을 실행한다.

BOSU SQUAT & RESISTANCE BAND ROW

필요한 도구 **2개의 보수볼 · 동일한 강도의 저항밴드 2개**

이 운동은 균형감각과 협응력을 집중적으로 훈련시킬 수 있게 해주는 전신운동에 속하는 보수 운동이다. 둔근, 대퇴사두근, 등 근육, 코어 근육을 강화할 수 있다. 만약 보수 위에서 동작을 진행하는 것에 익숙하지 않다면 보수를 거꾸로 뒤집어 돔 위에서 먼저 수행하도록 한다.

1 **양손에 각 밴드의 끝 부분을 잡은 상태로 보수 위에 올라 파트너와 마주선다.**

2 밴드의 저항을 느끼며 팔꿈치를 접어 양 팔을 뒤로 당기는 동시에 스쿼트 동작을 수행한다.

더 어렵게 MAKE IT HARDER

두 다리로 하는 스쿼트가 아닌 **한 다리로만 스쿼트를 하여** 동작을 더 어렵게 한다.

3 발 뒤꿈치로 바닥을 밀며 일어나는 동시에, 팔을 앞으로 쭉 뻗으며 시작자세로 돌아온다.

WALL SQUAT & OVERHEAD DUMBBELL SHOULDER PRESS

필요한 도구 **덤벨**

이 운동은 한 파트너가 숄더 프레스를 진행할 때,
나머지 파트너는 벽에 기대 스쿼트 자세를 취함으로써 의자 역할을 하게 된다.
이때, 파트너의 무게가 무거울수록 스쿼트를 하는 사람은 더 큰 부하를 느끼게 된다.
두 위치 모두 번갈아 수행하며 전신 운동을 할 수 있다.

3

움직임을 반대로 할 것이다. 팔꿈치를 구부리며 덤벨을 다시 어깨로 내리는 동작을 천천히 조절하여 수행한다.

월 스쿼트 자세를 계속 유지한다.

더 어렵게 MAKE IT HARDER

월 스쿼트를 수행하는 파트너는 덤벨을 사용하여 숄더 프레스를 수행할 수도 있다.

덤벨을 내릴 때도 어깨근육을 이용하도록 한다.

파트너 없이 온전히 자신의 무게를 느끼며 스쿼트 동작을 수행한다면 둔근, 대퇴사두근 그리고 햄스트링을 강화할 수 있다.

안정감을 더해주기 위해서 복근, 허리 및 엉덩이를 수축하고 하부 허리를 벽에 붙인 상태로 유지한다.

레벨 2

LEG THROWS

필요한 도구 **없음**

이 운동을 매일 진행하는 복부강화 프로그램에 추가한다.
누워서 다리를 들어올리는 파트너는 다리를 밀어내는 것에 저항하여 복근을 트레이닝 할 수 있으며, 다리를 밀어주는 파트너는 가슴과 팔 근육을 사용함으로써 상체의 근력을 트레이닝 할 수 있다.

3

더 어렵게 MAKE IT HARDER

밀어내는 것을 **반복하는 동안** 다양한 방향으로 두 다리를 밀어줌으로써 더 강한 자극을 줄 수 있다.

4

운동 목표에 맞춰 2~4단계 동작을 반복하도록 한다.

POWER PLANK & CHEST PRESS

필요한 도구 **짐볼 · 보수볼**

이 운동은 가슴, 삼두근, 어깨, 복근 및 엉덩이에 효과가 있다.
이것은 상급 레벨의 운동이며, 겁을 먹어서는 안된다.
이 운동을 시도하기 전에 레벨 1과 2의 점프 및 균형 운동을 마스터해야 한다.

1

손바닥을 바닥에 편평하게 놓고 엉덩이가 천장을 향하게 한다. 짐볼의 양쪽에 발을 맞춘다.

짐볼 위에 등을 대고 누워서 보수를 가슴에 가로질러 잡는다.

더 쉽게 MAKE IT EASIER

전체 동작을 **진행할 준비가 되지 않았다면** 바닥에서 진행한다. 짐볼에서 진행하는 것보다 보수를 들고 바닥에 눕는다.

보수는 돔이 아래를 향해야 한다.

손바닥으로 체중을 지지하고 발끝에 짐볼이 위치하도록 한다.

2

손바닥을 밀어
발을 위아래로 점프하여
보수에 닿도록 한다.

파트너의 움직임을
예상하면서 보수를
안정적으로 잡는다.

3

파트너가 체스트
프레스를 수행하는
동안 자세를 유지한다.

가슴에서 보수를 들어올리기
위해 팔꿈치를 곧게 펴고
가슴근육을 사용한다.
파트너가 균형을 잡을 수
있도록 보수를 안정적으로
유지한다.

4

파트너가 보수를
낮추는 동안 자세를
유지한다.

보수를 다시 가슴 쪽으로
조심스럽게 내린다.

5

양 발을 다시 짐볼의
양쪽 사이드로
가져온다.

파트너가 보수에서
내려오는 동안
보수를 계속해서
유지한다.

레벨 3

BOSU PUSH-UP & SHOULDER SQUAT

필요한 도구 **보수볼**

전신운동을 위한 이 자세는 어렵지만,
당신이 초기 자세를 조절할 수 있다면 충분히 이 운동을 할 수 있다.
이 운동을 할 때 적절한 스쿼트와 푸쉬업 형태에서 세심한 주의를 기울인다.

1

거꾸로 된 보수에 손을 놓고 하이 플랭크 자세에서 시작한다. 파트너가 준비되면 한 번에 한쪽 다리를 들어 발을 어깨 위로 걸고 코어를 단단히 조여 유지한다.

자세를 잡기 위해 파트너가 발을 올릴 때 낮게 쪼그리고 앉는 것부터 시작한다. 파트너가 한 번에 한 다리씩 들어올릴 때 해당 어깨 위에 위치하도록 돕는다. 다시 선 자세로 돌아간다.

2

파트너의 발목을 어깨에 대고 무릎을 구부려 쪼그리고 앉는다.

팔꿈치를 구부리고 가슴을 보수 쪽으로 내리면서 푸쉬업을 한다.

엉덩이를 뒤로 밀고 가슴을 들어 올리기 위해 약간 위를 쳐다본다.

팔굽혀펴기의 가장 낮은 지점은 팔꿈치가 90° 이하일 때이다.

3

발 뒤꿈치를 통해 밀어 무릎과 엉덩이를 곧게 펴서 선 자세로 돌아간다.

손바닥을 통해 밀고 팔꿈치를 곧게 펴서 원래의 하이 플랭크 자세로 돌아간다.

하이 플랭크 자세로 돌아올 때 어깨를 손바닥과 정렬한다.

레벨 3

STABILITY BALL REVERSE CURL & TRICEPS ROLL-OUT

필요한 도구 **짐볼**

이 운동은 처음에 공에서 넘어질 수 있기 때문에 동작을 익힐 때 웃음을 자아낸다.
몇 번의 시도가 필요하더라도 놀라지 않는다.
두 파트너 모두 복근, 엉덩이, 허리, 견갑대를 대상으로 하는 훌륭한 코어 운동이다.

1

하이 플랭크 자세에서 시작하여 짐볼의 중앙에 발을 올려놓는다.

하이 플랭크 자세에서 시작하며, 짐볼에 손을 올려놓을 때 팔은 파트너의 발과 평행하며, 발 바깥쪽에 위치하여 올려놓는다.

더 어렵게 MAKE IT HARDER

짐볼에 **발을 올려놓은 파트너는** 바닥이 아닌 거꾸로 된 보수볼에 손을 위치한다.

2

코어에 힘을 주고 무릎을 가슴 쪽으로 당겨줄 때 발을 사용하여 공을 몸쪽으로 당긴다.

짐볼이 몸에서 멀어질 때 팔꿈치를 구부려 팔뚝이 공에 닿을 때까지 손바닥으로 공을 굴려준다.

허벅지가 바닥과 수직이 되면 멈춘다.

아래팔이 굽혀지면서 플랭크 자세로 끝난다.

3

운동 목표에 맞춰 2~3단계 동작을 반복한다.

움직임을 반대로 한다. 하이 플랭크 자세로 돌아갈 때 발을 몸에서 멀어지게 밀어낸다.

하이 플랭크 자세로 돌아갈 때 손바닥을 눌러 삼두근을 사용한다. 공이 몸쪽으로 굴러올 때 팔꿈치를 곧게 편다.

공의 움직임을 조절하기 위해 무릎과 엉덩이보다 복근을 사용하는 데 집중한다.

팔꿈치를 몸에 붙이고 앞뒤로 구르면서 유지한다.

레벨 3

COORDINATED STABILITY BALL HAMSTRING CURLS

필요한 도구 **짐볼**

이 동작이 끝난 후 허벅지 뒤쪽이 강화될 것이다.
왜냐하면 허벅지와 엉덩이를 바닥에서 떼어내기 위해 허벅지를 사용할 것이기 때문이다.
저항은 자신의 체중과 중력에서 비롯되며 짐볼에서는 균형동작을 추가하게 된다.

1

더 어렵게
MAKE IT **HARDER**

균형능력을
향상시키기 위해
팔을 바닥에서 띄운다.

등을 대고 누워
무릎을 구부리고
발 뒤꿈치를 짐볼 중앙에
둔다.

등을 대고 누워 다리를
들어 올려 발 뒤꿈치를
공 중앙에 놓고 다리를
똑바로 유지한다.

팔을 곧게 펴고 손바닥을
바닥에 대어 안정성을 높인다.

2

엉덩이를
들어올리고
무릎을 구부려
브릿지 동작을 한다.

둔근을 수축하고
엉덩이를 바닥에서 들어올려
다리를 쭉 뻗은
브릿지 동작을 한다.

3

강하게 코어를 잡고
엉덩이를 든 상태를 유지하면서
다리를 곧게 펴고 발 뒤꿈치를
이용하여 짐볼을 멀리 밀어낸다.

코어를 조이고
엉덩이를 굽힌 무릎보다
더 높게 들어올린다.
발 뒤꿈치를 사용하여
짐볼을 몸쪽으로 당긴다.

4

운동 목표에 맞춰 2~4단계 동작을 반복한다.

짐볼을 몸에서 밀면서
다리를 곧게 편다.

무릎을 구부려 짐볼을
뒤로 당긴다.

레벨 3

COORDINATED STABILITY BALL LUNGES

필요한 도구 **짐볼**

이 운동은 햄스트링, 대퇴사두근, 둔근, 심지어는 종아리까지
하체 전체를 대상으로 하는 동시에 균형, 협응력 및 많은 의사소통이 필요하다.
파트너와 올바르게 운동할 수 있도록 시작 위치에 세심한 주의를 기울인다.

1

짐볼을 뒤에 두고 파트너로부터 멀어진다.
왼쪽 다리의 발가락을 볼에 두고,
동시에 오른쪽 다리를 구부려
런지 자세로 내려간다.

짐볼 앞에 파트너와
등을 마주한 채 선다.
왼쪽 무릎을 90° 각도로
구부리고 발가락을
공의 중앙에 놓는다.

2

오른발 뒤꿈치를 누르고 왼발로 공을 몸쪽으로 당기면서 일어난다.

발가락으로 공을 누르면서 왼쪽 다리를 곧게 펴고 오른쪽 무릎을 구부려 런지 자세를 취한다.

3

운동 목표에 맞춰 2~3단계 운동을 반복한다.

오른쪽 무릎을 구부리며 엉덩이를 낮추고 왼쪽 다리를 뒤로 곧게 뻗어 시작 위치로 돌아온다.

발을 사용하여 짐볼을 다시 몸쪽으로 당겨와 시작 자세로 돌아온다.

변형동작 VARIATION

벽을 바라보고 짐볼의 **반대편에 서서** 안쪽 다리를 짐볼 위에 올려 놓는다. 한 파트너는 사이드 런지를 수행하고 다른 파트너는 무릎을 구부린 상태로 서서 런지를 교대로 진행한다.

레벨 3

WEIGHTED PLANK & DUMBBELL CHEST PRESS

필요한 도구 **덤벨 2개**

플랭크와 체스트 프레스를 위한 자세를 취하는 것이 약간 어색할 수 있다.
이 동작은 고난이도의 동작이다.
둔부, 엉덩이, 복부, 등, 가슴 그리고 어깨를 조이는 것이 중요하며,
특히 플랭크 할 때 파트너의 체중을 지지하는데 도움이 된다.

1

다리를 함께 모은 상태에서 하이 플랭크 자세를 만들어 시작한다. 파트너의 체중을 지지하기 위해 엉덩이, 복근, 둔근, 그리고 어깨를 수축하여 조인다.

각 손에 덤벨을 들고 파트너의 허벅지 위에 서서 파트너의 반대쪽을 향하게 한다. 쪼그리고 앉아서 파트너의 둔근과 둔부를 일렬로 맞추고 벤치처럼 등을 대고 누울 때까지 뒤로 기대어 눕는다.

2

하이 플랭크 자세를 유지하면서 더 넓은 지지 기반이 필요하다면 발의 너비를 더 넓게 벌린다.

팔꿈치를 곧게 펴고 덤벨을 가슴 위로 똑바로 밀어올린다. 이때 힘을 더하기 위해 발 뒤꿈치와 엉덩이를 통해 밀어 올린다.

파트너의 체중을 짊어질 때 허리가 처지지 않도록 엉덩이를 약간 들어올린다.

더 어렵게 MAKE IT HARDER

더 무거운 덤벨을 사용한다. 추가된 무게와 이를 지탱해야 하는 부담은 두 파트너 모두에게 이 운동을 더 어렵게 만든다.

3

운동 목표에 맞춰 2~3단계 동작을 반복한다.

움직임을 반대로 하여 팔꿈치를 구부리고 덤벨을 천천히 조절하여 가슴쪽으로 내린다.

하이 플랭크 자세를 계속 유지한다.

파트너가 동작을 진행할 동안 하이 플랭크를 유지한다. 휴식이 필요한 경우 파트너에게 알려준다.

STABILITY BALL SIT-UP & MEDICINE BALL PASS

필요한 도구 **짐볼 · 메디신볼**

이 운동은 일반적인 복근 운동이 아니다.
짐볼 위에서 윗몸 일으키기를 하는 동안 메디신볼을 잡고 던지려면
균형, 협응력, 코어 근력, 상체 근력이 필요하다.
고관절의 굴곡근과 복근은 물론 가슴과 삼두근까지 트레이닝 할 수 있다.

1

파트너와 마주보고 서서 메디신볼을 가슴 높이로 잡는다.

발을 어깨너비로 벌리고 짐볼 위에 앉아 파트너를 바라본다.

싯업 동안 균형을 유지하기 위해 짐볼의 약간 앞쪽으로 앉는다.

2 파트너에게 메디신볼을 던진다.

뒤로 기대어 윗몸 일으키기를 시작하며 메디신볼을 잡기 위해 손은 뻗어주고, 윗몸 일으키기는 등이 닿을 때까지 계속 내려간다.

3 메디신볼을 잡을 준비를 한다.

코어 힘을 이용해 다시 앉은 자세로 돌아온다. 파트너에게 메디신볼을 던진다.

4 메디신볼을 잡는다.

메디신볼을 파트너에게 다시 던지고 앉은 자세로 돌아간다.

더 어렵게 MAKE IT HARDER

예상하지 못한 위치로 **메디신볼을 던진다.** 높게, 낮게, 좌우로 던져 난이도를 올려준다.

3

짝을 이루어 보조하는 운동
ASSISTED PAIRINGS EXERCISES

이 운동은 근력 트레이닝, 균형, 협응력,
심혈관 운동 그리고 전체적인 팀워크 등
모든 것을 조금씩 제공한다.
짝을 이루어 보조하는 운동이 다른 운동과 다른 점은
자신의 체중과 파트너의 신체를 사용하여
신체적 한계를 테스트 한다는 점이다.

BACK-TO-BACK SQUATS

필요한 도구 **없음**

두 파트너 모두 이 운동을 통해 둔근, 대퇴사두근, 종아리, 햄스트링을 포함한 하체 전체 운동을 즐길 수 있다. 스쿼트를 적절하게 수행하는 방법은 각 파트너가 엉덩이를 바닥으로 낮추면서 상대방의 등을 적극적으로 누른다.

1 파트너와 등을 맞대고 서서 서로의 등이 서로 밀어내는 힘이 느껴지면 발을 한발짝 앞으로 내딛는다.

2 발 뒤꿈치에 체중을 싣고 무릎을 구부리며 엉덩이를 바닥쪽으로 낮출 때, 파트너의 등을 눌러 지지한다.

3 발 뒤꿈치를 밀고 파트너의 등을 눌러 다시 서 있는 상태로 돌아간다. 운동 목표에 맞춰 2~3단계를 반복한다.

변형동작
VARIATION

등을 맞대고 스쿼트를 수행한다. 파트너가 오른쪽으로 몸을 돌릴 동안 다른 파트너는 왼쪽으로 몸을 돌린다. 이때 메디신볼을 건네준다. 반대로 몸을 다시 돌리고, 메디신볼을 건네준다. 각 방향으로 메디신볼 주고 받기를 10번 진행한다.

레벨 1

RESISTED SHOULDER PRESS

필요한 도구 **없음**

이 간단한 어깨 운동은 덤벨이나 웨이트가 없을 때 할 수 있는 훌륭한 선택지이다. 더해서, 어깨 운동을 하는 동안 다른 파트너는 추가 저항을 제공하여 운동 상태를 계속 유지한다.

1

2

팔꿈치를 곧게 펴면서
파트너의 손바닥을 밀어
팔을 똑바로 위로
밀어준다.

파트너의 손바닥을
밀어줄 때 팔을 펴는 것이
불가능하지 않을 만큼의
충분한 저항을 제공한다.

팔꿈치를 완전히 펴고 과신전을 방지하기 위해 약간 구부린다.

파트너의 손바닥을 뒤로 누르지 않는다. 파트너의 어깨를 향해 똑바로 누른다.

3

파트너가 시작 위치로
돌아올 때 적당한 저항을
계속 제공한다.

시작 위치로 돌아갈 때
팔꿈치를 구부린다.

특히 손이 아래로 내려갈 때 어깨를 계속 고정하여 조절하도록 한다.

변형동작
VARIATION

한 번에 **한 팔을 분리하여,** 파트너의 오른쪽 손바닥의 저항에 대해 오른쪽 손바닥을 머리 위로 밀어준다. 그리고 다시 어깨를 낮추며 팔을 바꾸어 반대팔을 밀어준다.

레벨 1

COORDINATED LUNGES

필요한 도구 **없음**

이 운동은 둔근, 대퇴사두근, 햄스트링 그리고 종아리 등 하체 근력 강화에 훌륭한 방법이며, 균형과 협응력도 향상시킬 수 있다. 같은 다리가 운동 내내 고정된 상태를 유지하고 또 다른 다리가 런지를 한다는 것을 기억한다.

1 서로의 손목을 잡고 파트너와 마주선다. 무릎은 약간 구부리고 발은 골반 너비만큼 벌려야 한다.

2

왼쪽 다리를 뒤로 보내고 발볼로 바닥을 고정한다. 두 무릎을 구부리고 상체가 숙여지지 않게 길이를 유지하면서 뒤쪽 무릎을 바닥으로 내린다.

오른쪽 다리를 앞으로 보낼 때 체중을 발 뒤꿈치에 싣고 앞으로 보낸다. 두 무릎을 구부리고 뒤쪽 무릎을 바닥으로 내린다.

3 운동 목표에 맞춰 런지를 앞뒤로 계속 반복한다. 항상 같은 다리로 런지를 진행하고 반대쪽 발은 고정되어 있는다.

파트너와 움직임을 함께 조정하고 왼발의 발볼을 누르고 오른발의 발꿈치를 통해 고정되어 있는 앞다리를 지나쳐 뒷다리를 앞으로 내민다. 발 뒤꿈치를 고정하고 런지 자세로 내려간다.

파트너가 두 번째 런지를 시작할 때, 오른쪽 발 뒤꿈치를 눌러 서 있는 상태로 돌아간다. 즉시 오른발을 뒤로 런지하고, 런지 자세로 내려가기 전에 발볼로 바닥을 고정한다.

더 쉽게 MAKE IT EASIER

런지에서 동일한 다리를 계속 앞, 뒤로 진행하는 **대신,** 한 파트너는 왼쪽다리를 뒤로 다른 파트너는 오른쪽 다리를 앞으로 나아간다. 두 파트너는 다리를 바꾸기 전에 서 있는 상태로 돌아가 다리를 바꿔 수행한다.

균형을 잡기 위해 런지 사이에 바닥에 발을 두는 것보다 파트너의 팔을 지지하여 안정적으로 유지한다.

레벨 2

WALL SQUAT & DIP

필요한 도구 **없음**

월 스쿼트를 움직이지 않고 유지하는 파트너의 하체는 근지구력에 대한 도전을 즐길 수 있고, 다른 파트너는 자신의 체중을 이용한 딥스 동작을 통해 삼두근을 강화시킬 수 있다. 이 운동은 많이 쉬지 않고도 자세를 바꿀 수 있기 때문에 서킷 운동으로 적절하다.

1

2

월 스쿼트를 유지한다.

팔꿈치를 파트너 쪽으로 똑바로 향하게 한다.

팔꿈치를 구부려 몸을 떨어트리고 엉덩이를 바닥으로 내린다. 삼두근을 사용하여 움직임을 한다.

발 뒤꿈치로 바닥을 밀어 발가락이 위쪽으로 향하도록 한다.

더 쉽게 MAKE IT EASIER

다리를 앞으로 곧게 펴는 것보다 **무릎을 구부리고** 발을 바닥에 편평하게 놓아 **딥을 더 쉽게 만든다.**

3

움직임을 반대로 하여 손바닥으로 무릎을 밀고 팔꿈치를 곧게 펴면서 시작위치로 돌아간다.

어깨, 엉덩이, 허리가 벽에 밀착되도록 유지한다.

월 스쿼트를 계속 유지한다.

삼두근을 사용하여 팔꿈치를 곧게 펴는 데 집중한다.

레벨 2

WHEELBARROW WALK

필요한 도구 **없음**

이 동작은 어렸을 때의 놀이가 생각날 수 있다.
재미와 게임도 운동이 될 수 있다는 것을 증명하기 때문에 좋은 운동이다.
이 동작은 두 파트너 모두에게 유산소 효과를 주며 한 파트너는
상체 근력 운동을 추가로 할 수 있다.

1

다리를 넓게 벌려 유지하면서 하이 플랭크 자세에서 시작한다.

파트너 다리 사이에 서서 스쿼트 자세로 내려와 파트너의 발목을 잡는다.

2

발 뒤꿈치를 밀고 일어서서 파트너의 다리를 바닥에서 들어 올린다.

파트너가 바닥에서 다리를 들어 올릴 때 자세를 곧게 유지하기 위해 코어를 조인다.

파트너의 다리를 엉덩이 바로 바깥쪽으로 자연스럽게 잡는다.

3

너무 길지도 짧지도 않게 오른발로 편안한 발걸음을 내딛는다.

오른손을 앞으로 내밀어 손바닥을 짚는다.

4

운동 목표에 맞춰 3~4단계 동작을 반복한다.

왼발로 앞으로 이동하고 원래 스텝을 사용한다.

왼쪽 손바닥을 앞으로 내밀어 바닥에 놓기 전에 오른쪽 손바닥을 지나도록 한다. 팔로 왼쪽, 오른쪽의 움직임을 계속한다.

머리와 발 뒤꿈치 사이에 엉덩이가 정렬 된 상태를 유지한다. 엉덩이가 아래로 쳐지지 않도록 한다.

파트너가 앞으로 나아가지 않도록 정상적인 속도로 걷는다.

더 어렵게
MAKE IT **HARDER**

왼쪽 또는 오른쪽으로 스텝을 밟아 **옆으로 움직이며 이동한다.**

레벨 2

WHEELBARROW SQUAT & PUSH-UP

필요한 도구 **없음**

자신의 체중을 이용한 운동은 파트너와 함께 할 때 추가적인 도전을 제공한다. 푸쉬업 동작은 훌륭한 코어 운동을 제공하며, 스쿼트는 파트너의 다리를 잡으며 무게가 더 추가된다. 함께 짝을 이루면 모든 주요 근육 그룹을 사용할 수 있다.

3

4

더 어렵게 MAKE IT HARDER

푸쉬업을 한 후 **한 손을 들어** 반대쪽 어깨를 터치한다. 다음 푸쉬업 후에 다른 쪽 어깨를 터치하는 것을 반복한다.

5

운동 목표에 맞춰 2~5단계를 반복하고, 또는 단계를 수준에 맞게 유동적으로 수행한다.

레벨 2

LEG PRESS

필요한 도구 **없음**

이 운동에서 레그 프레스 동작을 수행하는 동안
하체의 주요 트레이닝 근육은 대퇴사두근, 둔근 그리고 햄스트링이다.
파트너가 저항을 주는 동안 복근, 둔근을 사용하여 고관절을 안정적으로 유지한다.

1

파트너의 엉덩이 바로 앞에 파트너와 같은 방향으로 서서 다음 단계에 파트너가 당신의 등 위에 발을 올려 놓을 수 있도록 스쿼트 자세를 한다.

등을 대고 누워 무릎을 가슴 쪽으로 당기고 발을 구부린다.

적절한 스쿼트 자세를 사용하여 무릎을 구부리면서 엉덩이를 뒤로 밀고 체중을 발뒤꿈치에 둔다.

2

파트너가 등에 발을 올려 놓으면 몸이 발 뒤꿈치에서 머리까지 일직선이 되도록 발을 앞으로 나아간다. 팔은 교차하고 파트너의 발에 기댄다.

발 뒤꿈치를 파트너의 엉덩이 바로 위, 척추의 양쪽으로 올려 놓고 파트너의 체중을 지탱한다.

변형동작 VARIATION

같은 단계를 모두 수행하되 레그 프레스에 한 다리를 사용하여 **이 운동을 싱글 레그 프레스로 수행한다.** 각 다리로 동일한 횟수의 반복을 완료하려면 다리를 바꿔야 한다.

3

파트너가 몸을 들어 올릴 때 안정적으로 유지되도록 복근, 엉덩이, 둔부 및 허리를 조인다.

무릎과 다리를 곧게 펴면서 발로 파트너의 등을 밀어준다.

4

운동 목표에 맞춰 2~4단계를 반복한다.

파트너의 저항을 느끼며 무릎을 구부려 가슴쪽으로 당긴다.

아래로 내려갈 때 자세를 유지한다.

레벨 2

ALTERNATING GET-UP

필요한 도구 **없음**

이 운동은 둔근, 코어, 어깨, 등, 이두근을 사용하며
한 파트너는 다른 파트너의 움직임에 대한 균형을 잡아준다.
운동 중간에 역할을 전환하며, 유동적으로 진행한다.

1 **파트너의 맞은 편에 서서 몸을 가로질러 파트너의 오른손을 잡는다.**

2

무릎을 구부리고 코어를 단단하게 조여 부상의 위험을 낮춘다.

스쿼트로 내려올 때 엉덩이를 바닥쪽으로 내린다.

3
균형을 유지하기 위해 오른팔과 코어를 사용하여 파트너를 향해 몸을 앞으로 기울인다.
앞으로 나아갈 때 적절한 런지 자세를 사용하여 뒤꿈치가 바닥에서 떨어지도록 한다.
몸을 천천히 롤링하여 누운 자세로 만든다.
몸의 움직임을 조절하고 뒤로 넘어지지 않도록 한다.

4
시작자세로 돌아오기 위해 발을 뒤로 내딛고 손에 힘을 주어 파트너를 서 있는 위치로 당겨준다.
자신의 힘으로 다시 일어설 때 파트너의 팔을 사용하여 도움을 받는다.
파트너가 당신을 일으키기 위해 끌어당기는 동안 앞으로 롤링하고 앉아서 일어서기 위해 발 뒤꿈치로 바닥을 밀어준다.
위, 아래로 롤링하는 동안 발은 바닥에 고정된 상태를 유지한다.

계속 ····▶

5
파트너가 스쿼트를
시작할 때 코어를 조이고
그립을 잘 잡아 균형을
유지할 수 있도록 한다.
팔꿈치를 약간 구부린 상태를
계속 유지한다.
파트너가 균형을
지지하는 것을 제공할
수 있도록 허락하며,
스쿼트 동작을
시작한다.

6
파트너가 누운자세로
끝까지 롤링할 때
몸을 앞으로 기울인다.
균형을 잡기 위해
팔을 자연스럽게 뒤로
휘두른다.
누운자세로 천천히 롤링하며
균형을 유지하기 위해 계속해서
파트너의 도움을 받는다.

7

파트너를 시작 위치로 당기기 위해 그립을 잘 잡아 조여준다.

파트너가 당신을 일으키기 위해 끌어당기는 동안 앞으로 롤링하고 앉아서 일어서기 위해 발 뒤꿈치로 바닥을 밀어준다.

더 어렵게 MAKE IT HARDER

스쿼트 점프를 하며 일어난 자세를 마무리한다. 서 있는 자세로 돌아올 때 폭발적으로 공중에 점프한다.

8

파트너의 손을 잡고 유지한 채로 얼굴을 마주보고 시작위치로 돌아간다. 운동 목표에 맞춰 2~8단계 동작을 반복한다.

움직임을 조절하고 허리 부상을 예방하기 위해 코어를 단단히 유지한다.

이 운동을 계속하기 전에 발이 대략 골반 너비만큼 벌어져 있는지 확인한다.

레벨 2

MODIFIED PULL-UP

필요한 도구 **없음**

등의 큰 근육을 운동하는 것은 장비가 없을 때 까다로울 수 있지만 실제로 필요한 것은 파트너이다. 서 있는 파트너는 광배근, 승모근, 능형근을 트레이닝할 수 있고, 아래의 파트너는 코어와 상체를 등척성으로 트레이닝할 수 있다.

1

발을 벌려 파트너 위로 걸어올라가 엉덩이 옆에 위치한다.
무릎을 약간 구부리고 양손을 앞으로 뻗어 파트너의 손목을 잡는다.
똑바로 서서 팔을 뻗어 준비한다.

더 쉽게
MAKE IT **EASIER**

무릎을 더 구부리고 발을 바닥에 붙이면 체중을 지탱할 수 있다.

등을 대고 누워 발 뒤꿈치를 바닥에 대면서 무릎을 약간 구부린다.
양손으로 파트너의 손목을 단단히 잡고 코어에 힘을 주고 엉덩이를 바닥에서 들어올려 파트너가 상체를 바닥에서 들어올릴 수 있도록 한다.

2

3

**운동 목표에 맞춰
2~3단계 동작을 반복한다.**

레벨 2

PLANK & BENT-OVER ROW

필요한 도구 **없음**

플랭크를 하는 동안 둔근, 복근, 허리, 가슴 그리고 어깨 등 코어 근육을 활성화할 수 있다. 벤트 오버 로우를 할 때는 파트너의 몸을 저항으로 사용하여 상부 등을 트레이닝 하게 된다.

1

파트너의 다리 사이에 서서 쪼그리고 앉아 파트너의 발목을 잡는다.

하이 플랭크 자세를 만들고 발을 넓게 벌린다.

앞으로 구부정한 것을 피하기 위해 어깨를 완전히 뒤로 당긴다.

손바닥을 어깨 바로 아래에 위치한다.

2 파트너의 다리를 들어올리면서 서 있는 자세로 돌아가 무릎을 약간 구부리고 엉덩이를 앞으로 구부린다.

3 팔꿈치를 구부리고 등 근육을 수축하여 몸 옆쪽으로 당기고 파트너의 다리를 엉덩이 높이까지 들어 올린다.

4 **운동 목표에 맞춰 3~4단계 동작을 반복한다.**

변형동작
VARIATION

플랭크를 하는 파트너는 한쪽 팔뚝을 바닥에 놓았다가 다시 하이 플랭크로 돌아간다. 팔을 번갈아 가면서 실시하고 파트너는 계속해서 로우를 할 수 있다.

레벨 2

PLANK & BRIDGE

필요한 도구 **없음**

이 운동을 하는 동안 두 파트너의 모두의 코어 근육을 활성화하지만,
약간 다른 방식으로 사용된다.
플랭크를 할 때는 몸의 앞쪽을 목표로 하여 사용되고,
브릿지를 할 때는 몸의 뒤쪽을 목표로 하여 사용하게 된다.

1

파트너와 수직으로 바닥에 누워 팔은 옆으로 곧게 펴고 손바닥은 아래를 향하게 한다. 발을 모아서 파트너의 허리에 종아리를 올린다.

파트너가 다리를 등 위에 놓을 때 코어를 특히 단단히 유지하면서 하이 플랭크 자세에서 시작한다.

2

둔부와 코어에 힘을 주어 몸이 발 뒤꿈치에서 어깨까지 일직선이 되도록 엉덩이를 바닥에서 들어 올린다.

하이 플랭크 자세를 유지하며 다리를 더 넓게 벌려 안정적으로 지지한다.

숨을 내쉬며 바닥에서 엉덩이를 들어올린다.

3

자세를 유지하면서 엉덩이를 바닥에서 들어 올린다.

파트너가 푸쉬업을 할 때 숨을 들이마시며 코어에 힘을 주고 몸을 안정적으로 유지한다.

푸쉬업을 수행한다.

삼두근을 더 많이 사용하려면 팔굽혀펴기를 할 때 팔꿈치를 옆구리 가까이에 둔다.

4

동작을 반대로 하여 엉덩이를 바닥 쪽으로 천천히 내린다. 터치하기 직전에 정지한다.

푸쉬업 상단에서 하이 플랭크를 유지한다.

팔꿈치가 과신전되는 것을 방지하기 위해 플랭크 상단에서 팔꿈치를 약간 구부린다.

변형동작 VARIATION

무릎을 고관절 아래에 놓고 발을 구부려 발가락으로 바닥을 고정하여 무릎을 들어올리기 전에 네발기기 자세를 만들고 **하이 플랭크로 변환한다**.

레벨 2

BRIDGE HOLD & DIP

필요한 도구 **없음**

두 파트너는 서로 다른 근육 그룹을 사용한다.
등척성 브릿지는 코어, 둔부 및 햄스트링을 대상으로 하고
딥스 동작은 팔 뒤쪽과 어깨에 초점을 맞추면서
복근, 고관절근육 및 대퇴사두근을 활성화하여 움직임을 조절한다.

1

파트너에게서 약간 멀어져
쪼그리고 앉아 파트너의
양쪽 무릎에 한 손씩
올려놓고 팔을 완전히 편다.
다리도 곧게 펴지고
매달린 자세가 될 때까지
다리를 내민다.

무릎을 구부리고
발은 골반 너비로 벌린 후
등을 대고 누워 브릿지 자세를 한다.
코어와 둔근을 사용하여
무릎부터 어깨까지 일직선이 되도록
엉덩이를 위로 들어올린다.

발가락은
위로 향하게
한다.

더 쉽게
MAKE IT **EASIER**

매달린 자세에서
무릎을 구부리고
발을 편평하게
바닥을 지지하여
체중을 지지한다.

2

팔꿈치를 구부려 딥을 수행하고, 일정한 속도로 삼두근, 코어 및 어깨를 수축하여 엉덩이를 바닥쪽으로 내린다.

다리 위치를 유지하고 엉덩이를 가능한 한 높이 들어올린다.

3

운동 목표에 맞춰 2~3단계 동작을 반복한다.

손바닥으로 파트너의 무릎을 눌러 움직임을 반대로 하고 팔꿈치를 곧게 펴서 시작 자세로 돌아간다.

브릿지 동작을 계속 유지한다.

레벨 2

V-SIT ADDUCTOR & ABDUCTOR

필요한 도구 **없음**

다리 내전근과 외전근은 다리를 앞뒤로 움직이는 데 도움이 되는 근육이다. 이 운동에서 두 파트너는 서로에게 저항을 제공하기 위해 허벅지 안쪽과 바깥쪽 근육을 사용한다.

1 **한 파트너의 다리가 다른 파트너의 다리 바로 바깥에 있도록 서로 마주보고 앉는다. 등을 기대고, 손바닥을 뒤쪽 바닥에 지지한 채로, 팔꿈치를 구부리고, 몸통을 똑바로 유지한다.**

다리를 들어 올려 몸과 **V**자 모양을 만들고 안쪽 발목이 파트너의 바깥쪽 발목에 닿도록 약간 벌린다.

다리를 **V**자 모양으로 들어 올릴 때 파트너의 안쪽 발목이 바깥쪽 발목에 닿도록 발목을 함께 유지한다.

더 쉽게 MAKE IT EASIER

V를 유지하는 것이 너무 어렵다면 무릎을 구부린 상태에서 한 발을 바닥에 대고 한 번에 한 다리씩 운동을 한다.

다리를 파트너의 다리 사이에 둔다.

2
파트너가 다리를 벌리려고 할 때
허벅지 안쪽을 조여 저항을 주지만,
여전히 동작은 진행한다.
다리를 최대한 넓게 벌리면서
파트너의 저항에 맞서
다리를 바깥쪽으로 누른다.
구부정함을
방지하기
위해
어깨를 뒤로
유지한다.

3
두 다리를 안쪽으로 누르고
허벅지를 당겨 파트너의 저항에
대항한다.
파트너에게 저항을 주기 위해서 허벅지 바깥쪽과
둔근에 힘을 주고 파트너가 허벅지를 당길 때
움직임을 늦추도록 노력한다.
운동하는 동안 복근과
허리 근육을 수축하여 유지한다.
허벅지 위쪽이
타는 듯한 느낌이
들 것이다.

ASSISTED PISTOL SQUAT

필요한 도구 **없음**

피스톨 스쿼트는 한 번에 한쪽 하체의 모든 근육을 목표로 하는 상급 동작이다. 파트너와 함께 스쿼트를 할 때, 상급 동작이지만 상대방의 지지를 이용하여 올바른 자세를 익히는 데에 도움을 줄 수 있다.

1 **파트너와 마주보고 서서 오른손으로 몸을 가로질러 손목 바로 위의 팔뚝을 잡는다. 왼쪽 다리의 무릎을 곧게 펴고 앞으로 쭉 뻗는다.**

2

나란히 서서 엉덩이를 뒤로 밀며 지지하는 무릎을 구부리고, 지지하는 다리의 햄스트링과 종아리가 닿도록 쭈그려 앉는다. 둔근은 바닥에 닿지 않도록 한다.

더 어렵게
MAKE IT **HARDER**

첫 번째 스쿼트에 **바닥에서** 몸을 앞으로 숙여 뻗은 다리의 발가락을 잡고 다리를 바닥과 평행하게 완전히 뻗는다. 발가락을 잡은 상태로 다음 피스톨 스쿼트를 실시한다.

3

다시 일어날 때 몸을 약간 앞으로 기울이면서 지지하는 발 뒤꿈치를 밀어낸다.
운동 목표에 맞춰 2~3단계 동작을 반복한다.

레벨 3

WALL SQUAT & BULGARIAN SPLIT SQUAT

필요한 도구 **없음**

등척성으로 하는 월 스쿼트는 쉽지 않겠지만, 사실 하체 움직임에서 더 쉬운 요소이다. 두 파트너 모두 둔근, 햄스트링, 대퇴사두근 및 종아리 근육들을 목표로 하고 있지만 불가리안 스플릿 스쿼트를 하는 파트너에게는 플라이오 메트릭 점프 운동이라는 추가적인 과제가 있다.

1

파트너와 반대 방향으로 선다. 오른발을 들어 올리고 오른쪽 무릎을 구부려서 들어 올린 발목을 파트너의 오른쪽 허벅지 위에 놓는다.

발을 골반 너비만큼 벌리고 벽에 기댄다. 엉덩이를 아래로 밀어 엉덩이와 무릎이 90° 각도가 되도록 발을 약간 앞으로 내딛는다.

운동하는 동안 무릎은 발가락과 일직선이 되어야 한다.

2

지지하는 무릎을 구부려 싱글 레그 스쿼트로 몸을 낮춘다. 몸통을 곧게 펴고 코어를 활성화 시킨 채, 손이 지탱하는 다리의 양쪽 바닥을 향하도록 앞으로 기울인다.

골반과 등을 수평으로 유지하며 월 스쿼트 자세를 유지한다.

지지하는 발 뒤꿈치에 체중을 유지한다.

3

폭발적인 힘으로 지지하는 다리의 발을 뒤꿈치부터 발가락까지 힘차게 밀어내면서 다리를 곧게 펴고 공중으로 뛰어 오른다.

위를 향한 추진력을 얻기 위해 팔을 뒤로 밀어낸다.

엉덩이와 몸통으로 벽을 누르면서 월 스쿼트 자세를 유지한다.

편안하게 할 수 있는 만큼의 높이까지만 뛴다.

파트너를 지지하는 다리는 점프할 때 움직일 수 있지만 엉덩이와 몸통은 안정적으로 유지한다.

더 쉽게
MAKE IT EASIER

점프 파트너는 공중으로 완전히 점프할 필요는 없다. 단순히 발끝으로 일어나는 것만으로도 파워 향상에 도움이 될 수 있다.

4

월 스쿼트 자세를 계속 유지한다.

부드럽게 착지하고 무릎과 엉덩이를 약간 구부려 충격을 흡수한 후 즉시 스플릿 스쿼트 자세로 몸을 낮춘다.

레벨 3

KNEELING HAMSTRING CURLS

필요한 도구 **없음**

이 운동은 쉬워 보일지 모르지만, 의외로 어렵다.
이 동작을 하기 전에 적절한 준비운동을 했는지 확인해야 한다.
햄스트링 운동과 더불어 파트너의 코어, 가슴근육, 삼두근의 트레이닝이 가능하다.

1

2

무릎에서 어깨까지 일직선을 유지하고 손바닥은 어깨 앞에서 바깥을 향하게 하여 앞으로 넘어진다. 이때 추진력을 견디기 위해 햄스트링에 힘을 주며 앞으로 넘어진다.

당신의 저항력이 햄스트링 활성화를 가능하게 한다.

바닥에 가까워지면 스스로 몸을 잡기 위해 손목을 구부린다.

파트너의 발목을 제자리에 잡고 발이 바닥에서 떨어지지 않도록 한다.

3

손바닥을 바닥에 대고 가슴과 삼두근을 사용하여 바닥에 닿지 않도록 주의한다.

삼두근을 더 많이 사용하려면 구부릴 때 팔꿈치를 옆구리 가까이에 붙인다.

손바닥을 어깨 아래에 둔다.

파트너의 발목을 계속 잡는다.

4

운동 목표에 맞춰 2~4단계 동작을 반복한다.

손바닥을 힘껏 밀어내며 팔꿈치를 펴고 햄스트링을 사용하여 몸을 시작위치로 당긴다. 이때, 가슴과 삼두근을 사용하여 바닥에서 손을 띄우며 무릎을 꿇어 동작을 마무리한다.

파트너의 발목을 계속 잡고 컬의 마지막 동작 중에 발목이 바닥에서 들리지 않도록 한다.

레벨 3

TWISTING SQUAT & BOSU PUSH-UP

필요한 도구 **메디신볼 · 보수볼**

이 복합적인 운동은 머리부터 발끝까지 거의 모든 것에 효과적이다.
한 파트너는 트위스트를 동반한 월 스쿼트로 하체와 코어를 활성화할 수 있고,
다른 파트너는 보수 푸쉬업을 통해 상체의 힘과 균형 운동을 할 수 있다.
함께하면 두 배의 효과를 얻을 수 있다.

3

엉덩이를 벽에 고정한 상태에서 몸통이 중앙으로 돌아오고, 이번에는 완전히 뒤집어 왼쪽 벽에 공을 두드린다.

손바닥을 누르고 팔꿈치를 펴면서 시작 위치로 돌아온다.

자신만의 속도로 복사근 회전을 수행한다. 파트너와 동시에 수행할 필요는 없다.

손바닥에 체중을 실어 어깨 바로 아래에 둔다.

변형동작
VARIATION

보수로 **운동하는 파트너**는 보수쪽으로 가슴을 내릴 때 한쪽 무릎을 같은 쪽 팔꿈치 바깥쪽으로 가져간다. 푸쉬업을 할 때마다 한 다리씩 번갈아 진행한다.

레벨 3

SIT-UP TO SQUARE PIKE

필요한 도구 **없음**

복부 운동을 찾을 때, 이 운동보다 더 힘든 것은 없다.
두 파트너 모두 복근 운동을 하는 동시에 어깨와 가슴의 추가적인 운동으로 도움을 줄 수 있다.
천천히 하며 올바른 자세를 익히는데 시간을 들이도록 한다.

1

머리를 파트너의 발쪽에 두고 파트너 위에서 하이 푸쉬업 자세로 시작한다. 파트너의 발목 바로 위를 잡는다. 파트너가 바닥에서 발목을 잡고 다리를 누를 때 코어를 단단히 조인다.

발을 골반 너비로 벌려 곧게 펴고 등을 대고 눕는다. 파트너의 발목을 잡고 팔꿈치는 약간 굽힌 채 팔을 뻗어 똑바로 위로 올린다.

2

물구나무 서기로
움직일 때
골반을 들면서
뒤집힌 L자 모양으로
만들고 코어를
사용한다.

*이 운동의
맨 윗부분에서
고관절은 90°로
굽혀져야 한다.*

더 쉽게
MAKE IT EASIER

파트너가 앉을 때,
어깨에 기대거나
엉덩이를 파이크처럼
올리지 말고
하이 플랭크를 유지한다.
손을 어깨 쪽으로 가져오기
위해 팔꿈치를 구부린다.

완전히 앉은 자세로 롤업할 때
코어에 힘을 주고
팔을 머리 위로 뻗어 몸이
L자 모양이 되도록 한다.

3

파트너가 바닥쪽으로
돌아갈 때 동작을 반대로 하여
골반을 낮추고 머리를
앞으로 당겨 조심스럽게
시작자세로 돌아간다.

파트너를 지지하기 위해 팔을
똑바로 유지하고 몸을 뒤로 굴려
시작 위치로 돌아간다.

*팔꿈치와 손목을 끝까지
고정시키는 것은
파트너의 파이크 동작을
더욱 안정적으로
만들어 준다.*

레벨 3

HANDSTAND SHOULDER PRESS

필요한 도구 **없음**

이 훈련에는 힘, 용기, 그리고 신뢰가 필요하다.
어깨에 힘이 필요하고 거꾸로 뒤집을 수 있는 용기와 파트너가 당신을 넘어지게 하지 않을 것이라는 믿음이 필요하다. 어깨 운동은 확실히 할 수 있지만 복부, 등 그리고 둔근이 몸을 안정화하는데 도움을 주어야 한다.

1

파트너가 한쪽 다리를 들어올릴 때, 그가 당신의 손을 누르고 지탱하도록 파트너의 발목을 잡는다.

손은 어깨너비보다 약간 넓게 벌려 바닥에 놓고, 팔은 펴고, 어깨는 견고하게 고정하여 고관절을 앞으로 굽힌다. 한쪽 다리를 높게 들어올린다.

들어 올린 다리와 같은 쪽에 파트너와 수직으로 선다.

더 쉽게
MAKE IT **EASIER**

한쪽 다리를 들어올리고 파트너의 골반에 다리를 대고 누르며 **다운 독 동작을 시작한다.** 파트너는 당신이 다른 쪽 다리를 들어 올려 파이크 모양을 들어갈 때 발목을 잡는다. 이 L 모양을 거꾸로 한 상태로 숄더 푸쉬업 동작을 수행한다.

2

파트너의 한쪽 다리만 잡는다.

코어에 힘을 주고 다른 쪽 다리를 들어 올려 물구나무서기에서 다리를 하늘을 향해 곧게 편다.

파트너가 다른 쪽 다리를 바닥에서 들어 올릴 때 그가 물구나무서기를 하는 데 도움이 되도록 잡아준다.

물구나무서기의 가장 끝지점에서 손은 어깨 바로 아래에 있어야 한다.

3

코어를 단단하게 유지하고 무릎을 약간 구부린다. 파트너를 계속 잡아준다.

팔꿈치를 90°로 구부려 숄더 프레스를 수행한다.

팔굽혀펴기를 하는 동안 코어와 엉덩이를 계속 사용하여 몸을 안정되고 정렬된 상태를 유지한다.

4

운동 목표에 맞춰 3~4단계 동작을 반복한다.

손바닥으로 누르고 팔꿈치를 곧게 펴서 시작 위치로 돌아간다.

파트너가 압박을 가하는 데 어려움을 겪고 있다면 그의 발목을 위로 당겨 가벼운 도움을 줄 수 있다.

팔을 완전히 편다.

레벨 3

ELEVATED PUSH-UP & CHEST PRESS

필요한 도구 **없음**

이 운동은 두 배의 가슴 운동과 두 배의 재미를 제공하며, 각 파트너는 서로 다른 방식으로 가슴 근육을 강화한다. 가슴, 코어, 삼두근을 목표로 하는 동안 저항과 지지를 위해 자세를 유지하면서 약간의 웃음을 공유하게 될 것이다.

1

2

3

파트너의 발을 가슴 쪽으로 낮추고 팔꿈치가 바닥에 닿기 직전에 멈춘다.

팔꿈치를 90°로 구부려 팔굽혀펴기의 아래쪽 부분으로 낮추면서 파트너가 동시에 다리를 낮출 수 있도록 한다.

가슴이 파트너의 다리에 닿기 직전에 멈춘다.

4

운동 목표에 맞춰 3~4단계 동작을 반복한다.

더 쉽게 MAKE IT EASIER

파트너가 다리로 체스트 프레스를 수행하는 동안 **푸쉬업을 제거하고** 하이 플랭크를 유지하기만 하면 된다.

팔꿈치를 곧게 펴고 가슴을 바닥에서 다시 들어올려 푸쉬업의 맨 위 위치로 만든다.

파트너의 다리를 가슴 위로 다시 들어올리며 팔꿈치를 곧게 편다.

허리를 바닥에 대고 복근을 유지한다.

레벨 3

ASSISTED PLYOMETRIC BULGARIAN SPLIT SQUAT

필요한 도구 **없음**

이 운동은 심박수를 높이는 동시에 하체의 힘과 근력을 요구한다. 그리고 이것이 충분하지 않다면, 여러분이 한 다리로 뛰고 착지할 때 균형과 코어 힘을 필요로 한다.

1

파트너와 같은 방향을 바라보고 서서 한 사람이 다른 사람 앞에 선다.

2

3

앞발을 뒤꿈치에서 발끝까지 힘차게 밀고 앞다리를 곧게 펴면서 몸통을 들어올려 공중으로 똑바로 점프한다.

파트너가 발로 팔을 아래로 밀어도 팔을 일정한 높이로 유지하면서 지지 자세를 계속 유지한다.

얼마나 높이 뛰어오르는지는 중요하지 않다.

더 쉽게 MAKE IT EASIER

점프를 건너뛰고 일어서기 전 싱글 레그 스쿼트를 수행할 때 손가락으로 가볍게 바닥을 터치하는 것으로 **대신한다.**

4

운동 목표에 맞춰 2~4단계 동작을 반복한다.

충격을 줄이기 위해 무릎과 고관절을 약간 굽히면서 발볼로 착지하고 일어난 자세로 돌아가기 위해 발 뒤꿈치를 내려준다.

지지 위치를 계속 유지한다.

레벨 3

DOUBLE BRIDGE

필요한 도구 **없음**

이 운동은 둔근과 햄스트링에 도전하는 동시에 동작을 마스터하기 위해 균형과 코어 근력을 요구한다. 파트너와 의사 소통하여 진행 속도를 유지하고 부상 가능성을 최소화하면서 결과를 극대화한다.

1 **등을 대고 눕기 전에 서로 마주보고 앉고, 무릎은 구부리고 발은 바닥에 편평하게 붙인다. 발을 바닥에서 들어 올리고 무릎을 90°로 구부려 발바닥이 파트너의 발바닥에 닿도록 한다.**

더 어렵게
MAKE IT **HARDER**

한쪽 발목을 반대쪽 무릎 위로 교차시켜 **한 번에 한쪽 다리를 분리하고** 지지하는 발을 파트너의 발로 누른다. (오른쪽 발에서 오른쪽 발로 또는 왼발에서 왼발로). 위치가 지정되면 한쪽 다리를 사용하여 브리지를 수행한다.

2 서로의 발을 눌러 지지하고 엉덩이를 들어 올릴 때 코어를 사용하여 몸이 어깨에서 무릎까지 일직선이 될 때까지 밀어 올린다.

3 바닥으로 내려올 때 엉덩이가 바닥에 닿기 직전에 멈춘다. 운동 목표에 맞춰 2~3단계 동작을 반복한다.

레벨 3

WEIGHTED PLANK & LATERAL HOPS

필요한 도구 **없음**

이 상급의 컨디셔닝 운동은 강한 하체와 코어 힘을 필요로 한다. 실제로 파트너의 몸을 이리저리 뛰며 장애물로 사용할 수 있다. 또한 체중을 파트너의 어깨에 싣고 파트너의 플랭크를 더욱 어렵게 만든다.

1

2

코어에 힘을 주고 폭발적으로 파트너의 옆쪽 너머로 점프한다.

파트너의 등을 사용하여 지지하되 그의 어깨에 모든 체중을 싣지 않는다.

파트너의 움직임에 균형을 제공하기 위해 하이 플랭크 자세를 계속 유지한다.

3

착지할 때 충격 흡수를 위해 무릎을 약간 굽히며 파트너의 오른쪽에 착지한다.

코어에 힘을 주어 하이 플랭크 자세를 유지한다.

4

운동 목표에 맞춰 2~4단계 동작을 반복한다.

공중으로 뛰어올라 왼쪽으로 이동한다. 파트너의 약간 왼쪽으로 착지한다.

다음 점프 준비를 위해 한 세트로 착지하도록 발을 붙여 유지한다.

하이 플랭크 자세를 계속 유지한다.

변형동작
VARIATION

점프는 파트너 다리를 통해 그녀의 다리는 파트너보다 하이 플랭크 자세에서 **시작해야 한다.** 다리를 위로 올렸다가 옆으로 벌리고 다시 뛰어오르기 전에 발 바깥으로 착지한다.

레벨 3

LINKED-LEG PUSH-UPS

필요한 도구 **없음**

팔굽혀펴기는 상체와 코어를 단련하는 훌륭한 방법이지만 다리는 일반적으로 체중을 지탱하는 역할을 한다. 이 변형된 운동을 통해 파트너의 체중을 지탱해야 하는 추가적인 과제와 함께 가슴, 어깨, 삼두근 및 코어 근력에 의존하게 된다.

1 **한 파트너의 다리가 함께 있고 다른 파트너의 다리가 파트너의 다리 바깥쪽에 위치하여 서로를 등지어 하이 플랭크 자세에서 시작한다.**

더 쉽게 MAKE IT EASIER

한 파트너는 무게를 추가하기 위해 파트너의 어깨에 발을 올려 놓고 하이 플랭크를 **유지하고**, 다른 파트너는 팔굽혀펴기를 수행하는 동안 발을 바닥에 유지한다.

2 코어에 힘을 주고 한 번에 하나씩 파트너의 견갑골에 발을 올려 놓고 어깨 푸쉬업 자세를 취한다.

3 두 사람이 동시에 팔꿈치를 구부리고 가슴을 바닥으로 내린다.

4 두 사람이 동시에 팔을 곧게 펴서 하이 플랭크 자세로 돌아간다. 운동 목표에 맞춰 3~4단계 동작을 반복한다.

레벨 3

FIREMAN'S LIFT

필요한 도구 **없음**

당신은 어깨 위에 균형을 잡은 사람과 어느 정도의 거리를 걸어보기 전까지는 진정으로 힘든 운동을 경험하지 않은 것이다. 당신이 운반하는 사람일 때, 이 운동은 당신의 심혈관 및 근지구력을 발달시키면서 전신운동을 가능하게 할 것이다.

1

파트너의 옆에 서서 그를 바라본다.

더 쉽게
MAKE IT **EASIER**

다리는 넓게, 무릎은 약간 굽히고 코어를 조인 채, **파트너 앞에 선다.** 당신의 파트너는 등에 올라타(업어주기 방식) 가슴을 껴안고 당신은 파트너의 다리를 잡는다.

파트너 옆에 한쪽 다리로 무릎을 꿇는다.

2

파트너가 일어설 때, 당신의 팔과 다리 주변을 잡고 들어 올리도록 한다.

파트너의 다리와 팔을 잡고 어깨를 가로질러 고정한 후 앞발뒤꿈치를 힘차게 밀어서 일어난다.

한 팔은 파트너의 등을 감싸고 다른 팔은 파트너의 어깨 앞에 위치한다.

복부, 엉덩이, 어깨는 전체적으로 수축된 상태를 유지한다.

3

시간, 걸음 수 또는 거리 목표에 도달할 때까지 일어서서 가능한 한 빨리 안정적으로 앞으로 걸어간다.

파트너가 균형을 잡을 수 있도록 최대한 몸을 안정적으로 유지하고 파트너가 당신을 떨어뜨리는 것을 방지한다.

4

파트너가 당신을 다시 바닥에 내릴 때 일어설 준비를 한다.

목표를 달성하면 조심스럽게 포워드 런지 자세를 취하며 파트너를 바닥에 내린다.

4

안정성 운동
STABILITY EXERCISES

이 운동에서는 두뇌와 신체가 함께 해야 한다.
균형과 신체 협응력, 유연성 및 반응시간에 이르기까지
모든 것을 테스트 할 수 있다.
이 범주에 속하는 광범위한 운동 스타일에도 불구하고,
각 운동은 여러분이 전반적인 신경운동의 조절을
강화하도록 도와줄 것이다.

레벨 1

BOSU REACTION TAPS

필요한 도구 **보수볼 · 메디신볼**

보수 반응 탭은 각 파트너의 균형에 도전할 뿐만 아니라 반응 시간, 손과 눈의 협응력 및 속도를 향상 시킨다. 천천히 시작하고 속도가 향상됨에 따라 속도를 높인다. 더 빨리 갈수록 이 운동은 더 많은 심혈관계가 운동이 된다.

1

2

파트너가 메디신볼을 이리저리 움직일 때 두 손으로 두드린다.

메디신볼을 앞에 두고 예상치 못한 패턴으로 움직여 파트너가 탭하지 못하도록 한다.

균형을 유지한다.

심혈관계의 강화를 위해 일정하고 유동적인 움직임으로 자세를 조정한다. 자세를 바꿀 때 코어는 단단히 하고 몸을 통제하는 것을 기억한다.

3

파트너가 팔을 쭉 뻗을 때마다 보수볼 위에 계속 위치를 변경하고 쪼그리고 앉고 위, 아래 또는 좌우로 손을 뻗어 메디신볼을 두드린다.

파트너가 메디신볼을 탭하지 못하도록 계속 시도하면서 자세를 자주 바꿔준다.

이 운동을 오래 할수록 점점 더 빠르게 자세를 바꿔 속도를 높인다.

변형동작
VARIATION

다음 변경 사항을 시도한다: 보수볼에서 있는 파트너는 돔을 아래로 뒤집거나 보수볼에서 한쪽 다리로 균형을 유지하면서 이 운동을 실행해 본다.

레벨 1

DOUBLE DANCER POSE

필요한 도구 **없음**

이 운동은 초급자 운동으로 시작하지만, 스트레칭을 깊게 도전할수록 더 어려워진다. 코어를 강화하며 균형감각을 테스트 하는 것은 물론 대퇴사두근, 햄스트링, 고관절 굴곡근, 가슴근육, 어깨 스트레칭까지 할 수 있다.

1 **파트너를 마주하고 앞으로 손을 뻗어 오른쪽 손바닥을 파트너의 오른쪽 손바닥으로 누른다. 왼쪽 무릎을 구부리고 왼발을 뒤로 들어 올려 왼손으로 왼발의 윗부분을 잡는다. 손가락이 위로 향하게 한다.**

더 어렵게 MAKE IT HARDER

다리를 더 높이 들어올리기 위해 발로 손바닥을 누르는 동시에 골반을 앞으로 숙여 **더 깊은 스트레칭을 할 수 있다.**

2 코어 근육이 수축된 상태에서 엉덩이를 앞으로 기울이고 왼발을 왼손으로 누르면서 오른쪽 팔을 위로 곧게 편다.

3 유연성과 균형이 허용하는 한 앞으로 더 기울인다. 지지하는 다리를 똑바로 유지하고 균형을 유지하기 위해 파트너의 손바닥을 눌러 지지한다.

레벨 1

STANDING BACKBEND

필요한 도구 **없음**

이 운동을 하는 동안 파트너와 유연성과 균형 감각을 향상시키며 가슴, 어깨, 척추를 스트레칭한다. 파트너의 팔을 지탱함으로써 혼자 할 때보다 후굴에 접근하기 쉽고 덜 위험하다.

1 **파트너를 마주보고 서서 파트너의 팔꿈치 근처 팔뚝을 잡는다.**

더 어렵게 MAKE IT HARDER

파트너와 **약간 떨어져 서서** 서로의 손목을 잡는다.
이렇게 하면 더 깊은 백벤드를 위해 더 뒤로 기댈 수 있다.

2 숨을 내쉬며 턱을 들어 뒤를 보고 가슴을 천장으로 올리면서 뒤로 기댄다. 바른 자세로 돌아오기 전에 3~5회 심호흡하는 동안 유지한다. 운동 목표에 맞춰 동작을 반복한다.

레벨 1

HAND-SUPPORTED DOUBLE BOAT POSE

필요한 도구 **없음**

이 운동으로 균형감각과 유연성을 기르면서 복근, 엉덩이, 등, 가슴을 트레이닝한다. 더블 보트는 능력 수준에 따라 다양한 변형이 있으므로 쉬운 버전부터 시작하여 더욱 수준 높은 자세로 나아간다.

1 **바닥에 발을 편평하게 두고 무릎을 굽혀 파트너를 마주보고 앉는다. 무릎을 굽힐 때 발가락이 닿는 것부터 시작하지만 필요에 따라 조절하여 파트너에게 더 가까이 가거나 멀리간다. 손을 자신 뒤편 바닥에 두고 뒤로 기댄다.**

2 상체를 똑바로 유지하고 발을 바닥에서 들어 파트너의 발에 대고 발바닥과 발바닥의 접촉을 유지한다.

3 하나의 단위로 다리를 완전히 펴고 이 자세를 3~5회 호흡한 후 발을 바닥으로 되돌린다. 운동 목표에 맞춰 2~3단계 동작을 반복한다.

더 어렵게 MAKE IT HARDER

엉덩이를 파트너와 더 가깝게 하여 **시작하고** 한 번에 한 손씩 앞으로 뻗어 파트너의 손을 잡으며 지탱하지 않는 더블 보트 자세로 변경한다.

CHAIR POSE ON TOES

필요한 도구 **없음**

이 정적 스쿼트 운동은 균형을 지지하기 위해 파트너의 팔을 사용하면 숙달하기 더욱 쉽다. 초기 단계에서는 하체의 둔근과 대퇴사두근 근력이 증가하고, 발볼로 설 때 균형을 잡으면서 종아리가 활성화된다.

1 **다리는 골반 너비로 벌리고 무릎은 약간 구부린 채 서로 마주보고 선다. 손을 뻗어 파트너의 손목 바로 위 팔뚝을 잡는다.**

2
발을 바닥에 편평하게 두고 체중은 발 뒤꿈치에 실은 상태에서 엉덩이, 복근 그리고 등을 수축한다. 어깨를 뒤로 당겨 가슴을 들어 유지하고 엉덩이를 뒤로 밀며 스쿼트 자세로 무릎을 굽히며 내려간다.
파트너를 똑바로 쳐다보고 가슴을 들어올린다.
무릎을 발가락과 일직선이 되도록 유지한다.

3
체중을 앞으로 옮기면서 발 뒤꿈치를 바닥에서 최대한 높이 들어 올린다. 3~5회 흡기, 호기하며 유지하고 운동 목표에 맞춰 2~3단계 동작을 반복한다.
실제로 파트너를 밀거나 당기지 않고 발 뒤꿈치를 들어 올릴 때 파트너의 팔을 사용하여 지지한다.
더 어렵게
MAKE IT HARDER
발볼로 균형을 잡으면, 한쪽 팔을 놓고 본인의 등 뒤로 넓게 벌린다. 그 팔 방향으로 몸통을 회전한다. 반대쪽을 반복하기 전에 3번의 호흡 동안 유지한다.

레벨 1

DOUBLE TREE POSE

필요한 도구 **없음**

이 운동은 자세를 만드는 동안 안정감을 유지하도록 파트너의 몸이 도와주기 때문에 한쪽 다리로 균형감각을 발달시키는 훌륭한 방법이다. 이 운동을 진행하면서 엉덩이부터 어깨까지 협응력과 코어 근력도 작용한다.

1 **파트너와 나란히 서서, 지지를 돕기 위해 안쪽에 있는 팔을 파트너의 허리에 두른다.**

2 **바깥쪽 발을 들고 무릎을 굽히면서 골반을 바깥쪽으로 회전시켜 무릎이 옆으로 가도록 한다. 발바닥은 지지하는 다리 안쪽에 놓는다.**

3 바깥쪽 손바닥을 파트너의 손바닥에 대고 밀어낸다. 자세를 풀기 전에 3~5회 깊게 호흡하며 버틴다. 운동 목표에 맞춰 2~3단계 동작을 반복한다.

더 어렵게 MAKE IT HARDER

파트너와 **손바닥을 누르는 대신** 본인의 바깥쪽 발의 발가락을 잡는다. 바깥쪽 발바닥으로 옆 벽을 누르듯이 다리를 최대한 펴기 전에 무릎을 위로 끌어당긴다.

레벨 2

KING OF THE BOSU

필요한 도구 **메디신볼 · 보수볼**

이 어린이용 게임으로 체력 단련의 즐거움을 되찾는다.
목표는 바닥에 있는 파트너가 균형을 무너뜨리려고 하는 동안
보수 위에 서서 보수로서의 왕 위치를 유지하는 것이다.
결국 전신을 사용하게 되지만 작업은 대부분 코어에 집중된다.

2
파트너의 메디신볼을 받을 준비를 한다.
메디신볼을 왼쪽이나 오른쪽 또는 높거나 낮은 위치로 던진다.
코어를 단단히 유지하고 무릎을 구부려 균형을 유지하고 던지는 힘을 흡수한다.
메디신볼을 파트너에게 전달하여 잡을 수 있는지 확인한다.

3
공을 파트너에게 직접 던진다. 파트너가 잡는 것이 너무 어렵지 않게 던진다.
공을 잡아 다시 던지고 최선을 다해 보수볼 위에 떨어지지 않고 서 있는다.
파트너의 메디신볼을 받을 준비를 한다.
다음 던질 때는 계속 좌우로 움직여서 심박수를 높이고 파트너가 다음 메디신볼을 던질 위치를 추측하도록 한다.

레벨 2

PEDALLING BOSU V-SIT

필요한 도구 **보수볼 2개**

이 운동으로 코어와 고관절 굴곡근을 운동한다.
이 동작을 성공적으로 수행하는 방법은 파트너와 호흡을 잘 맞추는 것이다.
지속적으로 의사소통하고 파트너가 보수에서 떨어질 수 있는
갑작스러운 움직임을 피한다.

1 **보수볼의 돔이 위로 향하도록 놓고 파트너를 마주하면서 볼 위에 앉고 균형을 위해 보수볼에 손을 올려 놓는다. 약간 뒤로 몸을 기울여 발을 들어 올리고, 무릎을 구부려 상체와 V자 모양을 만든다.**

더 쉽게 MAKE IT EASIER

균형을 잡기 위해
보수볼을 **손으로 잡는다.**

2

달리는 것처럼 다리를 페달링 하면서 팔을 앞뒤로 움직인다. 무릎과 팔꿈치를 완전히 편다.

3

계속해서 다리를 페달링 하며 팔을 휘두른다. 운동 목표에 맞춰 2~3단계 동작을 반복한다.

더 어렵게 MAKE IT HARDER

다리를 페달링하면서 **메디신볼을** 앞뒤로 **주고 받는다.**

STABILITY BALL PLANK

필요한 도구 **짐볼**

바닥에서 플랭크 하는 것은 코어에 도움이 되지만, 짐볼에서 플랭크를 하는 것은 더 어려운 걸 알 수 있다. 특히 파트너와 짐볼을 공유할 때 훨씬 더 어렵다. 이 동작은 복근과 엉덩이는 확실히 효과가 있을 뿐만 아니라 어깨에 미치는 효과 또한 무시할 수 없다.

1 **파트너의 바로 맞은편에 있는 짐볼 앞에서 바닥에 무릎을 꿇는다.**

2 앞으로 몸을 기울여 팔뚝을 짐볼에 놓고 복근, 엉덩이, 허리 및 어깨를 고정한 상태에서 볼에 대한 균형을 찾는다.

3 발볼과 팔뚝에 균형을 유지하면서 다리를 차례로 뒤로 내딛는다. 운동 목표에 맞게 동작을 반복한다.

더 어렵게 MAKE IT HARDER

손바닥을 짐볼 **위에 놓고** 하이 플랭크 자세를 한다.

레벨 2

WARRIOR III LEG LIFTS

필요한 도구 **없음**

요가는 유연성으로 가장 잘 알려져 있지만,
이 동작을 포함한 많은 포즈는 균형을 잡는데 상당한 도전을 제공한다.
파트너와 함께 동작을 수행할 때 이 동작을 사용하면 둔근을 강화하며
다리를 들 수 있고, 동시에 균형 한계 테스트를 가능하게 해준다.

1 서로 마주보고 서서 오른쪽 다리로 체중을 지탱하고 왼쪽 다리를 약간 뒤로 하여 발끝이 바닥에 닿도록 한다.

2 파트너의 팔을 잡기 위해 팔을 앞으로 뻗으면서 고관절을 앞으로 기울이고 코어를 단단하게 유지한다.

3 몸이 T자 모양이 되도록 뒤쪽 다리를 들어 올리면서 앞으로 기울인다. 상체가 바닥과 평행이 되도록 최대한 앞으로 기울인다.

4 균형이 안정되면 왼쪽 다리를 낮추고 다시 가능한 한 높이 들어올려 같은 쪽 둔근을 조인다. 운동 목표에 맞춰 이 단계의 동작을 반복한다.

더 어렵게
MAKE IT HARDER

들어 올린 다리의 **가동 범위를 늘리고** 발가락이 바닥에 거의 닿을 때까지 낮추었다가 다시 들어 올린다.

BOSU ARM WRESTLING

필요한 도구 **보수볼 2개**

팔씨름을 상체 운동이라 생각할지도 모르지만 보수 위에서 한쪽 다리로 균형을 잡으면서 하면 전신운동이 된다. 내 발이 먼저 떨어지기 전에 상대를 밀어 상대방의 떠있는 다리를 내리도록 노력한다.

1 **몸이 위로 향하게 하여 보수 위에 서서 파트너를 바라본다. 손을 뻗어 오른손을 잡는다. 오른쪽 무릎을 구부리고 다리를 보수 위에서 들어 올린다.**

2

파트너와 팔씨름을 시작한다. 한쪽 다리로 균형을 유지하며 팔을 사용하여 파트너의 팔을 당신에게서 바깥쪽으로 밀어낸다.

3

들어올린 다리가 바닥에 닿을 때마다 팔과 발을 바꿔준다.

더 쉽게 MAKE IT EASIER

다리를 앞쪽에 **매달지 말고** 뒤쪽 바닥에 놓고 런지 자세로 내린다. 당신 중 한 명이 보수볼에서 내리거나 파트너의 팔을 끝까지 밀어 팔씨름 경기에서 이기면 반대로 전환한다.

레벨 2

PUSHING SIDE PLANKS

필요한 도구 **없음**

사이드 플랭크는 고정된 자세를 유지하는 동안 코어, 복사근과 복직근을 사용한다. 이 운동은 파트너를 밀어낼 때 엉덩이, 허리 및 어깨를 추가로 사용해야 하므로 일반 사이드 플랭크 보다 더 어렵다.

1

파트너와 마주보고 바닥에 무릎을 꿇는다. 파트너의 움직임을 반영하여 한쪽 손바닥을 바닥에 대고 옆으로 기울인다. 다리를 곧게 펴고 한 발을 다른 발 위에 올려 사이드 플랭크 자세를 만든다.

더 쉽게 MAKE IT EASIER

위쪽 무릎을 구부리고 발을 바닥에 대고 곧게 편 다리 앞에 놓아 추가 지원을 받는다.

2 손을 뻗어 파트너의 손을 잡는다.
파트너의 손을 밀고 당겨서 파트너의 균형에 도전하고 당신도 넘어지지 않도록 노력하면서 균형을 유지한다.

변형동작
VARIATION

파트너에게서 **멀어지는 방향으로** 몸 아래에 있는 가벼운 덤벨을 파트너에게 전달한다. 팔을 천장 쪽으로 곧게 펴고 당신의 동작을 따라하는 파트너의 리턴 패스에 도달한다.

레벨 2

DOWNWARD DOG HANDSTAND PIKE

필요한 도구 **없음**

이 운동의 뇌로 가는 혈류를 증가시키며 동시에 하체를 스트레칭 한다. 특히 햄스트링, 둔근, 등의 하부 그리고 어깨, 이두, 삼두를 포함한 상체를 강화시킨다.

1

바닥에 손과 무릎을 대고 시작한다. 엉덩이를 위로 들면서 바닥에서 무릎을 들어 올린다. 그리고 다리를 곧게 뻗어 거꾸로 된 V 형태가 되도록 한다. 이것이 다운 독 자세다.

파트너 앞에 등지고 서서 파트너의 손 앞쪽으로 몇 인치 떨어진 곳에 당신의 손바닥을 놓고 엉덩이를 앞으로 숙인다.

2

다운 독 자세를 유지한다.

파트너의 엉덩이 위에 한 번에 한 발씩 올려 놓는다.

3 **운동 목표에 맞춰 2~3단계 동작을 반복한다.**

더 어렵게 MAKE IT HARDER

파이크 자세에서, 한쪽 다리를 공중으로 곧게 뻗어 발가락이 천장을 향하게 한다. 다리를 바꾸기 전에 이 자세로 3회 호흡한다.

레벨 2

SINGLE-LEG STABILITY BALL BATTLE

필요한 도구 **짐볼 2개**

이 운동은 한쪽 다리로 균형을 유지하려고 할 때 코어가 사용된다. 당신이 하기 전에 파트너가 발을 딛도록 시도하는 동안 파트너의 균형을 무너뜨리기 위해 더 열심히 할수록 심혈관 자극은 더 커진다.

1 **파트너와 짐볼을 들고 마주선다. 체중을 한쪽으로 옮기고 반대쪽 다리를 바닥에서 들어 올려 무릎을 뒤로 구부린다.**

2 짐볼을 사용하여 파트너의 짐볼을 밀어 균형을 무너뜨린다. 목표는 당신이 떨어지기 전에 당신의 파트너가 들어 올린 발을 내려놓도록 하는 것이다.

다른 방향으로 움직이며 지지하는 다리로 뛰어다니면서 운동 강도를 높인다.

3 누군가의 다리가 바닥에 닿을 때마다 두 파트너는 들어 올린 발을 바꿔 다시 시작한다.

변형동작
VARIATION

동일한 단계를 수행하되, 두 파트너 모두 보수볼 위에 서서 한다.

레벨 3

SIDE PLANK & HIP ADDUCTION

필요한 도구 **없음**

이 운동은 복사근과 허벅지 안쪽의 내전근 강화를 목표로 하면서 코어를 강화하는데 도움이 된다. 척추를 곧게 유지하고 허리를 보호한다. 복근, 엉덩이, 허리를 강하게 수축하고 유지하지 못하면 부상을 입을 가능성이 있다.

1

사이드 플랭크에서 시작하여 한 손바닥으로 어깨 바로 아래 바닥을 짚고 발을 겹쳐서 몸이 이마 중앙에서 발 사이의 중앙선까지 일직선이 되도록 한다.

쭈그려 앉아 양손으로 파트너의 위쪽 다리를 잡고 다시 서 있는 상태로 돌아온다.
파트너의 다리를 당신의 다리 사이에 끼운다.

더 쉽게 MAKE IT EASIER

팔꿈치를 구부린 상태에서 **사이드 플랭크를 한다.** 무릎에서 아래쪽 다리를 구부리면 고관절 내전이 더 쉬워진다.
파트너가 위쪽 다리를 들어 올리도록 허용한다.

2

코어에 힘을 준 상태에서 아래쪽 발을 바닥에서 들어 올리고 안쪽 허벅지 근육을 사용하여 다른 쪽 다리와 만나도록 들어 올린다.

강하게 서서 파트너의 위쪽 다리를 다리 사이에 고정한다.

지지하는 어깨에 목이 떨어지지 않도록 한다.

엉덩이가 바닥으로 떨어지지 않도록 한다.

3

운동 목표에 맞춰 2~3단계 동작을 반복한다.

지지하는 자세를 유지한다.

이 자세가 무릎에 스트레스를 준다면 파트너가 상체에 더 가까이 서게 하고 위쪽 다리를 무릎 바로 아래에 둔다.

아래쪽 다리를 다시 바닥을 향해 내리되 바닥에 닿기 직전에 멈춘다.

레벨 3

STACKED PLANK

필요한 도구 **없음**

이 동작은 정적 플랭크를 하고 있는 동안 어깨와 가슴, 삼두, 등, 복부, 둔근, 대퇴사두근 등 전신을 사용해야 하는 곡예적인 요가에서 영감을 받은 동작이다. 아래 파트너는 단순히 자신의 체중만 지탱하는 것이 아니라 파트너의 체중도 함께 지탱해야 한다.

1

2

하이 플랭크 자세를 유지한다.

목을 등과 일직선이 되게 한다. 머리를 기울이거나 내리지 않는다.

파트너의 종아리를 양손으로 잡고 등을 곧게 펴서 편평하게 만들고 어깨, 복근, 엉덩이 및 가슴을 조인다.

3

파트너의 체중을 감당할 수 있도록 코어를 조이고 하이 플랭크를 계속 유지한다.

각 다리를 한 번에 하나씩 들어 올려 한 발을 파트너의 어깨에 놓고 다른 발을 올려 하이 플랭크 자세로 들어간다.

파트너의 어깨 위에 발을 올려놓을 수도 있다.

몸을 똑바로 유지하기 위해 엉덩이를 아래로 당긴다.

변형동작 VARIATION

추가할 **세 번째 파트너를 구한다.** 세 번째 파트너는 두 번째 파트너의 종아리에 손을 얹고 두 번째 파트너의 어깨에 발을 올려서 하이 플랭크에 들어간다.

레벨 3

KNEELING BALANCE & PASS

필요한 도구 **메디신볼 · 짐볼**

이 운동은 당신의 파트너가 패스해주는 메디신 볼을 받는 동안 짐볼 위에 머무르는 것을 집중하기 때문에 코어힘과 균형이 필요하다. 상체를 느슨하게 유지하면서 코어에 힘을 주어 목, 어깨 또는 등 상부에 긴장을 주지 않도록 한다.

3

엉덩이를 약간 뒤로 밀고 복근, 허리, 엉덩이, 둔부를 수축시킨 상태에서 메디신볼을 잡는다.

메디신볼은 세게 던지지 말고 가볍게 던진다.

양손을 동등하게 사용하여 파트너의 가슴에 메디신볼을 패스한다.

4

필요한 경우 파트너에게 메디신볼을 다시 던지기 전에 균형을 되찾기 위해 잠시 시간을 갖는다.

짐볼이 굴러가는 것은 정상이다. 공이 굴러갈 때 무릎과 엉덩이가 구부러지도록 하여 균형을 유지하고 무게중심을 조정하여 균형을 잡는다.

메디신볼을 잡는다.

더 쉽게 MAKE IT EASIER

짐볼이 **너무 불안정하다면** 보수볼부터 시작하여 점차적으로 균형을 개선한다.

레벨 3

STABILITY BALL BALANCE & JAB

필요한 도구 **짐볼 · 보수볼**

이 운동은 당신이 잽을 할 때, 둔근, 복근, 어깨 그리고 코어의 근력을 길러주고 심장 박동수를 증가시켜 심폐지구력을 높일 수 있다. 훈련 세션 중 이러한 유형의 간헐적 유산소 운동은 심장 건강과 지구력을 향상시키는 훌륭한 방법이다.

1

돔 쪽이 파트너를 향하도록 양손으로 가슴에 보수볼을 잡고 파트너를 마주보고 선다.

짐볼 뒤에 서서 짐볼 위에 손을 놓고 무릎을 짐볼에 밀착시켜 누른다.

더 쉽게 MAKE IT EASIER

한쪽 무릎만 짐볼 위에 **놓고** 반대쪽 다리를 공 바깥쪽에 놓고 무릎을 약간 구부린다. 이 위치를 유지하면서 잽을 수행한다.

2

방어 자세를 유지한다.

공에 손과 무릎을 대고 앞으로 굴린다. 균형이 잡히면 고관절을 펴고 무릎을 꿇기 위해 코어를 사용한다. 손은 주먹을 쥐고 가슴 앞에 둔다.

3

자세를 유지하면서 복근, 엉덩이, 등, 어깨가 수축된 상태로 보수를 흔들리지 않게 잡아준다.

더 어렵게
MAKE IT **HARDER**

보수를 잡고 **앞뒤로 밀면서** 파트너에게 움직이는 표적을 만들어준다.

짐볼 위에서 무릎을 꿇은 자세를 유지하면서 보수를 향해 잽을 한다.

4

코어를 단단히 조여 보수를 흔들림 없이 잡고 자세를 계속 유지한다.

최대한 빠르고 세게 잽을 가하지만 먼저 균형감을 강화하고 유지하는데 집중한다.

짐볼 위에서 무릎을 꿇은 자세를 유지하면서 보수볼을 향해 팔을 번갈아가며 잽을 날린다.

레벨 3

FLYING BIRD POSE

필요한 도구 **없음**

요가에서 영감을 받은 이 곡예 자세는 플랭크와 비슷하지만, 손과 발로 균형을 잡는 대신 파트너의 곧게 뻗은 다리로 균형을 잡는다. 어깨에서 종아리까지 몸 전체의 근육을 지지할 수 있도록 유지한다.

1

등을 대고 누워 다리를 엉덩이 위로 올리고 무릎을 약간 구부린 상태에서 발로 파트너의 골반 앞쪽을 누른다. 손을 뻗어 그녀의 손을 잡는다.

파트너와 마주보고 발로 그의 엉덩이 바로 뒤에 선다. 앞으로 몸을 기울이고 골반을 발에 대고 손을 움켜 잡는다. 코어를 조여 팔을 곧게 펴고 맞물린다.

2

파트너가 앞으로 몸을 기울일 때 발로 그녀의 체중을 들어 올리고 다리를 천장으로 곧게 펴고 발목은 엉덩이 위로, 팔은 똑바로 유지한다.

코어를 단단히 유지하면서 앞으로 기댄다. 머리부터 발끝까지 일직선이 되도록 한다. 들어 올릴 때 팔을 안정되게 유지하고 다리를 곧게 펴고 발가락을 뾰족하게 유지한다.

3

10초 동안 또는 가능한 한 오랫동안 이 자세를 유지한다. 천천히 호흡하고 균형이 잡혔다면 한 번에 한 손씩 서로의 그립을 푼다. (손을 놓는게 편안한 경우에만 그렇게 한다.)

더 어렵게 MAKE IT HARDER

공중에 있는 파트너는 팔이 옆이 아닌 발가락을 향하도록 한다.

팔을 옆으로 벌리고 고정시킨다.

팔을 옆구리와 엉덩이 옆에 곧게 편다.

레벨 3

BOSU BALL BATTLE

필요한 도구 **짐볼 · 보수볼**

보수볼에서 볼 배틀을 하는 것은 상대적으로 쉬워 보이지만
발판을 유지하려면 상당한 균형과 코어 힘이 필요하다.
이 운동과 다른 균형 운동을 정기적으로 수행하면 코어의 힘, 협응력,
신체가 자극에 반응하는 민첩성이 향상 된다.

1

방어 자세로 파트너와 마주선다. 당신의 목표는 파트너의 손에서 짐볼을 떨어트리거나 그가 보수에서 떨어지도록 하는 것이다.

돔이 위로 향하게 하여 보수 위에 서서 방어 자세를 취한다. 양손으로 엉덩이 높이에서 짐볼을 잡고 팔을 몸에서 멀어지게 한다. 당신의 목표는 보수볼에서 떨어지지 않고, 짐볼을 손에서 놓치지 않는 것이다.

2

파트너의 손에서 공을 떨어트리기 위해 상단, 측면 및 하단과 같은 다양한 각도에서 짐볼을 치기 시작한다. 그가 균형을 잡기 힘들어 한다면 공을 치지 말고 가볍게 밀거나 두드린다.

다양한 강도의 힘으로 짐볼을 친다.

이 운동은 지속적이고 유동적이다. 공을 치는 사람은 끊임없이 움직여야 하고 보수볼에 있는 사람은 파트너의 행동에 끊임없이 반응해야 한다.

발을 가볍게 유지하고 파트너가 다음에 칠 위치를 추측하게 한다.

짐볼을 단단히 잡고 코어를 조인다.

3

공을 치는 동안 계속 움직여서 파트너의 손에서 공을 떨어뜨리거나 강제로 보수볼에서 떨어지게 한다.

공이 떨어지면 보수에 있는 사람이 공을 가져가야 한다.

공이 손에서 떨어지거나 보수에서 떨어질 때까지 짐볼을 계속 잡고 있는다.

다른 각도에서 공을 칠 때 왼쪽과 오른쪽으로 자유롭게 위치를 변경할 수 있다.

더 어렵게
MAKE IT HARDER

보수볼에서 **한쪽 다리로 서거나** 보수볼을 뒤집어 균형 잡기를 더 어렵게 만들 수 있다.

5

프로그램 및 운동
PROGRAMMES & WORKOUTS

연습을 마스터 하는 것이 좋고
운동을 마스터 하는 것이 좋으며, 그리고
전체 운동 프로그램을 완성하는 것은 더 좋다.
운이 좋게도 세 가지 옵션을 모두 사용할 수 있다.
여러분이 가장 좋아하는 파트너를 잡고
여러분의 수행 능력 수준에 가장 적합한 운동이나
프로그램을 선택하고 여러분의 건강 목표를
달성하기 위해 노력한다.

레벨 1 프로그램

이 프로그램의 운동은 초보자를 위한 것이지만,
파트너가 때때로 다른 속도로 진행하거나, 다른 레벨에서 시작하기 때문에
이러한 연습은 적응적이고 점진적이어서 몇 주가 지날수록 더 어려워진다.

1주

날짜	운동	페이지
1	Short Circuits	187
2	Rest	
3	Circ-HIIT	187
4	Rest	
5	Rest	
6	Strike a Balance	188
7	Rest	

2주

날짜	운동	페이지
1	Short Circuits	187
2	Rest	
3	Strike a Balance	188
4	Rest	
5	Circ-HIIT	187
6	Lower-Body Burner and Core Blitz	191, 192
7	Rest	

3주

날짜	운동	페이지
1	Upper-Body Burner and Core Blitz	192
2	4x4 Challenge	189
3	Rest	
4	Rest	
5	Upper-Body Burner and Core Blitz	192
6	4x4 Challenge	188
7	Rest	

4주

날짜	운동	페이지
1	Come on Strong	195
2	Cellular Excitation and Core Blitz	195, 192
3	Rest	
4	Rest	
5	Twisted Tabata and Lower-Body Burner	191
6	Come on Strong	195
7	Rest	

CHAIR POSE ON TOES

REVERSE LLUNGE & TRICEPS EXTENSION

SHORT CIRCUITS

서킷 트레이닝은 두 파트너 모두 활동적인 상태를 유지하고 각 운동 시리즈를 순환하는 동안 심박수를 높일 수 있기 때문에 파트너 운동에 적합하다.

필요한 도구

타이머	메디신볼
저항밴드 2개	보수볼

서킷 1

운동	시간	휴식	페이지
Squat, Reach & Pass	60 초		50
Sliding Chest Pass	60 초		54
Reverse Lunge & Triceps Extension	60 초	30 초	42

라운드마다 파트너와 역할을 번갈아 가며 **총 3회 수행한다.**

서킷 2

운동	시간	휴식	페이지
Resistance Band Chest Press & Row	60 초		48
Superman Lats & Biceps Curls	60 초		40
Resisted Shoulder Press	60 초	30 초	90

라운드마다 파트너와 역할을 번갈아 가며 **총 4회 수행한다.**

서킷 3

운동	시간	휴식	페이지
BOSU Reaction Taps	60 초		142
Side Lunge & Twist	60 초		38
Chair Pose on Toes	30 초	30 초	150

라운드마다 파트너와 역할을 번갈아 가며 **총 2회 수행한다.**

CIRC-HIIT

이 HIIT(고강도 인터벌 트레이닝) 변형은 높은 강도의 심장 박동수를 유지하도록 설계된 보다 낮은 강도의 근력 운동과 고강도 심장 강화 운동을 결합한다.

필요한 도구

타이머	메디신볼
저항밴드 2개	짐볼

서킷 1

운동	시간	휴식	페이지
Squat & Resistance Band Sprint	50 초	10 초	36
Squat & Resistance Band Sprint (switch roles)	50 초	10 초	36
Bear Crawl & Static Row	50 초	10 초	58
Bear Crawl & Static Row (switch roles)	50 초	60 초	58

지시에 따라 역할을 번갈아 가며 **총 4회 수행한다.**

서킷 2

운동	시간	휴식	페이지
Reverse Lunge & Triceps Extension	50 초	10 초	42
Resistance Band Chest Press & Row	50 초	10 초	48
Resistance Band Chest Press & Row (switch roles)	50 초	60 초	48

지시에 따라 역할을 번갈아 가며 **총 4회 수행한다.**

서킷 3

운동	시간	휴식	페이지
Sliding Chest Pass	50 초	10 초	54
Back-to-Back Squats	50 초	10 초	88
Lateral Medicine Ball Toss	50 초	10 초	60
Stability Ball Sit-up & Pass	50 초	60 초	52

라운드마다 역할을 번갈아 가며 **총 4회 수행한다.**

레벨 1

STRIKE A BALANCE

이 운동의 진정한 요구는
균형 챌린지이다.
다른 모든 동작은 안정성 훈련이다.
이것을 사용하여 호흡을 늦추고
전신 균형에 집중한다.

필요한 도구

타이머
메디신볼 2개

서킷

운동	시간	휴식	페이지
Squat, Reach & Pass	60 초		50
Chair Pose on Toes	60 초		150
Wheelbarrow Walk	60 초		96
Standing Backbend	60 초		146
Alternating Get-up	60 초		102
Hand-Supported Double Boat Pose	60 초		148
Coordinated Lunges	60 초		92
Double Dancer Pose	60 초		144
Unstable Push-up & Medicine Ball Roll	60 초		62
Warrior III Leg Lifts	60 초	60 초	160

필요에 따라 각 라운드 후에 역할을 번갈아 가며 **총 4회 수행한다.**

4X4 CHALLENGE

이것은 상체, 하체 및 코어를
목표로 하도록 설계되었고
서킷당 4가지 운동을 제공한다.
도전은 루틴을 연속으로
4번 수행하는 데서 발생한다.

필요한 도구

타이머
저항밴드 2개
덤벨
짐볼

서킷 1

운동	시간	휴식	페이지
Squat & Resistance Band Sprint	50 초	10 초	36
Weighted Plank & Dumbbell Row	50 초	10 초	44
Resisted Shoulder Press	50 초	10 초	90
Leg Throws	50 초	60 초	70

서킷 2

운동	시간	휴식	페이지
Side Lunge & Twist	50 초	10 초	38
Weighted Plank & Triceps Extension	50 초	10 초	46
Superman Lats & Biceps Curls	50 초	10 초	40
Stability Ball Sit-up & Pass	50 초	60 초	52

서킷 3

운동	시간	휴식	페이지
Reverse Lunge & Triceps Extension	50 초	10 초	42
Resistance Band Chest Press & Row	50 초	10 초	48
Plank & Bridge	50 초	10 초	110
Hand-Supported Double Boat Pose	50 초	60 초	148

세 번째 서킷을 완료하면 전체 루틴을 세 번 더 수행한다.
운동을 수행할 때마다 적절한 위치에서 파트너와 역할을 바꿔준다.

ALTERNATING GET-UP

BOSU REACTION TAPS

TWISTED TABATA

이것은 전통적인 타바타가 아니다. 자세에 집중하고, 여러분의 심장 박동수가 증가할 것에 대비한다. 6분이 길지 않아 보이지만, 타바타는 놀라울 정도로 힘이 든다.

필요한 도구

타이머
메디신볼
보수볼

서킷 1

운동	시간	휴식	페이지
Squat, Reach & Pass	30 초	15 초	50
Sliding Chest Pass	30 초	15 초	54

총 4회 수행하고, 4라운드를 모두 마친 후 2분 동안 휴식한다.

서킷 2

운동	시간	휴식	페이지
Alternating Get-up	30 초	15 초	102
Coordinated Lunges	30 초	15 초	92

총 4회 수행하고, 4라운드를 모두 마친 후 2분 동안 휴식한다.

서킷 3

운동	시간	휴식	페이지
BOSU Reaction Taps	30 초	15 초	142
BOSU Arm Wrestling	30 초	15 초	162

라운드마다 역할을 번갈아 가며 **총 4회 수행한다.**

LOWER-BODY BURNER

이 운동으로 둔근, 대퇴사두근, 햄스트링 등 하체에 집중한다. 2라운드는 단 15분이면 충분하다. 점심시간에 안성맞춤이다.

필요한 도구

타이머
저항밴드 2개

서킷

운동	시간	휴식	페이지
Reverse Lunge & Triceps Extension	50 초	10 초	42
Side Lunge & Twist	50 초	10 초	38
Leg Press	50 초	10 초	100
Back-to-Back Squats	50 초	10 초	88
Warrior III Leg Lifts (switching legs)	50 초	10 초	160
V-Sit Adductor & Abductor	50 초	10 초	114
Chair Pose on Toes	50 초	60 초	150

첫 번째 라운드 이후에 역할을 번갈아 가며 **총 2회 수행한다.**

UPPER-BODY BURNER

이것은 등, 가슴, 어깨, 이두근 및 삼두근을 대상으로 한다. 이 루틴은 15분 밖에 걸리지 않으므로 다른 짧은 운동과 결합하는 것이 좋다.

필요한 도구

타이머
저항밴드

서킷

운동	시간	휴식	페이지
WheelbarRow Squat & Push-up	50 초	10 초	98
Modified Pull-up	50 초	10 초	106
Resistance Band Chest Press & Row	50 초	10 초	48
Superman Lats & Biceps Curls	50 초	10 초	40
Resisted Shoulder Press	50 초	10 초	90
Bridge Hold & Dip	50 초	10 초	112
Standing Backbend	50 초	60 초	146

라운드마다 역할을 번갈아 가며 **총 2회 수행한다.**

CORE BLITZ

이것은 이 책에서 가장 짧은 서킷 중 하나이며 각 운동은 코어강화에 초점을 맞추며 복근, 허리, 엉덩이, 어깨의 회전근개를 단련한다.

필요한 도구

타이머
짐볼

서킷

운동	시간	휴식	페이지
Wheelbarrow Walk	50 초	10 초	96
Stability Ball Sit-up & Pass	50 초	10 초	52
Leg Throws	50 초	10 초	70
Plank & Bridge	50 초	10 초	110
Hand-Supported Double Boat Pose	50 초	10 초	148

라운드마다 역할을 번갈아 가며 **총 2회 수행한다.**

STANDING BACKBEND

STABILITY BALL SIT-UP & MEDICINE BALL PASS

CELLULAR EXCITATION

이 운동을 하는 동안 끊임없이 움직일 것이다. 집중을 유지한다. 정신적, 신체적으로 적절한 형태를 유지하고 최선을 다하는 것이 기본이다.

필요한 도구

타이머
저항밴드
보수볼

서킷

운동	시간	휴식	페이지
Squat & Resistance Band Sprint	50 초	10 초	36
Bear Crawl & Static Row	50 초	10 초	58
BOSU Reaction Taps	50 초	10 초	142
Alternating Get-up	50 초	10 초	102
Back-to-Back Squats	50 초	10 초	88

라운드마다 역할을 번갈아 가며 **총 4회 수행한다.**

COME ON STRONG

이 운동은 초급자의 움직임과 거의 같은 중급자의 동작을 포함하고 있다. 여러분의 각각의 서킷은 힘과 민첩성, 그리고 지구력을 발달시키는데 도움을 줄 것이다.

필요한 도구

타이머
메디신볼
덤벨
짐볼

서킷 1

운동	시간	휴식	페이지
Squat, Reach & Pass	45 초	15 초	50
Sliding Chest Pass	45 초	15 초	54
Weighted Plank & Dumbbell Row	45 초	15 초	44
Wall Squat & Overhead Dumbbell Shoulder Press	45 초	15 초	68
Double Tree Pose	45 초	60 초	152

라운드마다 역할을 번갈아 가며 **총 2회 수행한다.**

서킷 2

운동	시간	휴식	페이지
Back-to-Back Squats	45 초	15 초	88
Lateral Medicine Ball toss	45 초	15 초	60
Weighted Plank & Triceps Extension	45 초	15 초	46
Wall Squat & Dip	45 초	15 초	94
Double Dancer Pose	45 초	60 초	144

라운드마다 역할을 번갈아 가며 **총 2회 수행한다.**

서킷 3

운동	시간	휴식	페이지
Stability Ball Sit-up & Medicine Ball Pass	45 초	15 초	84
Wall Squat & Medicine Ball Sit-up	45 초	15 초	64
V-Sit Adductor & Abductor	45 초	60 초	114

라운드마다 역할을 번갈아 가며 **총 2회 수행한다.**

2단계 프로그램

2단계 프로그램의 처음 2주는 4번의 운동과 3번의 휴식을 포함하고, 프로그램의 마지막 2주는 2번의 휴식과 함께 5개의 운동을 할 수 있도록 점차 강도를 높인다.

1주

날짜	운동	페이지
1	Steady Cycle	199
2	Rest	
3	Power of 10 and Hard Core	200, 204
4	Rest	
5	Steady Cycle	199
6	Hang in the Balance	200
7	Rest	

2주

날짜	운동	페이지
1	The Countdown	198
2	Rest	
3	Power of 10 and Hard Core	200, 204
4	Rest	
5	The Countdown	198
6	Hang in the Balance	200
7	Rest	

3주

날짜	운동	페이지
1	The Countdown	198
2	The push & pull and Hard Core	206, 204
3	Rest	
4	Perfect 10	202
5	The Push & Pull and Hard Core	206, 204
6	The Heart Racer	203
7	Rest	

4주

날짜	운동	페이지
1	The Spider	207
2	Butt Blaster and Hard Core	204
3	Rest	
4	The Spider	207
5	Butt Blaster and Hard Core	204
6	The Heart Racer	203
7	Rest	

DOWNWARD DOG HANDSTAND PIKE

레벨 2

THE COUNTDOWN

이 운동이 다른 점은
60초부터 45초, 30초까지
각각의 운동을 수행하게 된다.

필요한 도구

타이머 보수볼
저항밴드 메디신볼

서킷 1

운동	시간	휴식	페이지
Sliding Chest Pass	60 초		54
Squat, Reach & Pass	60 초		50
Lateral Medicine Ball Toss	60 초		60
BOSU Reaction Taps	60 초		142
Alternating Get-up	60 초		102
King of the BOSU	60 초		154
BOSU Arm Wrestling	60 초		162

적절한 경우, 첫 번째 라운드 후에 역할을 번갈아 수행하고
두 라운드를 완료한 후에만 60초 동안 휴식을 취하여 **총 2회 수행한다.**

서킷 2

운동	시간	휴식	페이지
Sliding Chest Pass	45 초		54
Squat, Reach & Pass	45 초		50
Lateral Medicine Ball Toss	45 초		60
BOSU Reaction Taps	45 초		142
Alternating Get-up	45 초		102
King of the BOSU	45 초		154
BOSU Arm Wrestling	45 초		162

적절한 경우, 첫 번째 라운드 후에 역할을 번갈아 수행하고
두 라운드를 완료한 후에만 60초 동안 휴식을 취하여 **총 2회 수행한다.**

서킷 3

운동	시간	휴식	페이지
Sliding Chest Pass	30 초		54
Squat, Reach & Pass	30 초		50
Lateral Medicine Ball Toss	30 초		60
BOSU Reaction Taps	30 초		142
Alternating Get-up	30 초		102
King of the BOSU	30 초		154
BOSU Arm Wrestling	30 초		162

적절한 경우, 첫 번째 라운드 후에 역할을 번갈아 수행하고
두 라운드를 완료한 후에만 60초 동안 휴식을 취하여 **총 2회 수행한다.**

STEADY CYCLE

올바른 페이스를 유지한다면 이 근력 강화 서킷은 41분이 소요된다. 각 서킷에는 상체, 하체, 코어 및 균형 훈련 동작이 포함된다.

필요한 도구

보수볼 2개
저항밴드 2개
메디신볼 2개
짐볼

서킷 1

운동	시간	휴식	페이지
BOSU Squat & Resistance Band Row	50 초	10 초	66
Unstable Push-up & Medicine Ball Roll	50 초	10 초	62
Wall Squat & Dip	50 초	10 초	94
Plank & Bent-Over Row	50 초	10 초	108
Pedalling BOSU V-Sit	50 초	10 초	156

총 2회 수행한다. 첫 번째 라운드 후에 역할을 번갈아 수행하고 두 라운드를 완료한 후에만 60초 동안 휴식한다.

서킷 2

운동	시간	휴식	페이지
Alternating Get-up	50 초	10 초	102
Modified Pull-up	50 초	10 초	106
Floating Plank & Shoulder Press	50 초	10 초	56
Leg Press	50 초	10 초	100
Pushing Side Planks	50 초	10 초	164

총 2회 수행한다. 첫 번째 라운드 후에 역할을 번갈아 수행하고 두 라운드를 완료한 후에만 60초 동안 휴식한다.

서킷 3

운동	시간	휴식	페이지
BOSU Arm Wrestling	50 초	10 초	162
Wheelbarrow Squat & Push-up	50 초	10 초	98
Bridge Hold & Dip	50 초	10 초	112
V-Sit Adductor & Abductor	50 초	10 초	114
Wall Squat & Medicine Ball Sit-up	50 초	10 초	64

총 2회 수행한다. 첫 번째 라운드 후에 역할을 번갈아 수행하고 두 라운드를 완료한 후에만 60초 동안 휴식한다.

서킷 4

운동	시간	휴식	페이지
King of the BOSU	50 초	10 초	154
Warrior III Leg Lifts (switching legs)	50 초	10 초	160
Stability Ball Plank	50 초	10 초	158
Leg Throws	50 초	10 초	70

총 2회 수행한다. 첫 번째 라운드 후에 역할을 번갈아 수행하고 두 라운드를 완료한 후에만 60초 동안 휴식한다.

레벨 2

HANG IN THE BALANCE

이 운동은 도전과 즐거움을 위해 설계된 안정성 중심 운동을 통해 파트너와 함께 몇 번의 웃음을 선사할 것이다.

필요한 도구

타이머
보수볼 2개
저항밴드 2개
짐볼 2개
메디신볼

서킷 1

운동	시간	휴식	페이지
BOSU Squat & Resistance Band Row	50 초	10 초	66
Pedalling BOSU V-Sit	50 초	10 초	156
Stability Ball Plank	50 초	10 초	158
Chair Pose on Toes	60 초		150

총 2회 수행하고 두 라운드를 완료한 후 60초 동안 휴식한다.

서킷 2

운동	시간	휴식	페이지
King of the BOSU	50 초	10 초	154
V-Sit Adductor & Abductor	50 초	10 초	114
Pushing Side Planks	50 초	10 초	164
Standing Backbend	60 초		146

라운드가 끝난 후 역할을 번갈아 가며 **총 4회 수행하고** 모든 라운드를 완료한 후 60초 동안 휴식한다.

서킷 3

운동	시간	휴식	페이지
Single-Leg Stability Ball Battle	50 초	10 초	168
Warrior III Leg Lifts (switching legs)	50 초	10 초	160
Downward Dog Handstand Pike	50 초	10 초	166
Double Dancer Pose	60 초		144

첫 번째 라운드 후 역할을 번갈아 수행하고 두 라운드 완료 후 60초 동안 휴식을 취하여 **총 2회 수행한다.**

POWER OF 10

이 짧은 운동은 당신을 속이지 못하도록 한다. 당신의 한계를 넘어설 것이다. 유일한 휴식시간은 서킷 사이를 재편성하는데 사용하는 시간이다.

필요한 도구

타이머
저항밴드
메디신볼 2개

서킷 1

운동	시간	휴식	페이지
Bear Crawl & Static Row	20 초	10 초	58
Unstable Push-up & Medicine Ball Roll	20 초	10 초	62
Leg Throws	20 초	10 초	70

라운드가 끝난 후 역할을 번갈아 가며 **총 6회 수행하고** 모든 라운드를 완료한 후 30초 동안 휴식한다.

서킷 2

운동	시간	휴식	페이지
Wheelbarrow Walk	20 초	10 초	96
Wall Squat & Medicine Ball Sit-up	20 초	10 초	64
Floating Plank & Shoulder Press	20 초	10 초	56

라운드가 끝난 후 역할을 번갈아 가며 **총 6회 수행하고** 모든 라운드를 완료한 후 30초 동안 휴식한다.

서킷 3

운동	시간	휴식	페이지
Alternating Get-up	20 초	10 초	102
Bridge Hold & Dip	20 초	10 초	112
Leg Press	20 초	10 초	100

라운드가 끝난 후 역할을 번갈아 가며 **총 6회 수행하고** 모든 라운드를 완료한 후 30초 동안 휴식한다.

PEDALLING BOSU V-SIT

레벨 2

PERFECT 10

이 전신 운동은 비교적 쉬워보일 수 있지만 보이는 것과 다를 수 있다. 이 운동을 교대하기 전 각 서킷을 10회씩 수행하여 총 20회 진행한다.

필요한 도구

장비가 필요하지 않음

서킷 1

운동	횟수	휴식	페이지
Leg Press	10, 9, 8 ...		100
Modified Pull-up	10, 9, 8 ...		106
Leg Throws	10, 9, 8 ...		70

전체 회로를 반복하기 위해 역할을 전환하기 전에 **운동 사이에 쉬지 않고 수행한다.**

서킷 2

운동	횟수	휴식	페이지
Wheelbarrow Squat & Push-up	10, 9, 8 ...		98
Plank & Bridge	10, 9, 8 ...		110
Bridge Hold & Dip	10, 9, 8 ...		112

전체 회로를 반복하기 위해 역할을 전환하기 전에 **운동 사이에 쉬지 않고 수행한다.**

LEG PRESS

THE HEART RACER

심장 박동수를 올릴 시간입니다! 이 운동은 강도 수준을 높게 유지하기 위해 짧은 휴식 시간과 함께 심혈관 운동에 중점을 둡니다.

필요한 도구

저항밴드
보수볼 2개
메디신볼
짐볼 2개

서킷 1

운동	시간	휴식	페이지
Bear Crawl & Static Row	50 초	10 초	58
Wheelbarrow Walk	50 초	10 초	96
Bear Crawl & Static Row	50 초	10 초	58
Wheelbarrow Walk	50 초	10 초	96

라운드마다 역할을 번갈아 가며 **총 2회 수행한다.**

서킷 2

운동	시간	휴식	페이지
King of the BOSU	50 초	10 초	154
Alternating Get-up	50 초	10 초	102
King of the BOSU	50 초	10 초	154
Alternating Get-up	50 초	10 초	102

라운드마다 역할을 번갈아 가며 **총 2회 수행한다.**

서킷 3

운동	시간	휴식	페이지
Single-Leg Stability Ball Battle (right leg)	50 초	10 초	168
Wheelbarrow Walk	50 초	10 초	96
Single-Leg Stability Ball Battle (left leg)	50 초	10 초	168
Wheelbarrow Walk	50 초	10 초	96

라운드마다 역할을 번갈아 가며 **총 2회 수행한다.**

서킷 4

운동	시간	휴식	페이지
Wall Squat & Dip	50 초	10 초	94
Alternating Get-up	50 초	10 초	102
Wall Squat & Dip	50 초	10 초	94
Alternating Get-up	50 초	10 초	102

라운드마다 역할을 번갈아 가며 **총 2회 수행한다.**

서킷 5

운동	시간	휴식	페이지
Coordinated Lunges	50 초	10 초	92
Lateral Medicine Ball Toss	50 초	10 초	60
Coordinated Lunges	50 초	10 초	92
Lateral Medicine Ball Toss	50 초	10 초	60

라운드마다 역할을 번갈아 가며 **총 2회 수행한다.**

서킷 6

운동	시간	휴식	페이지
Unstable Push-up & Medicine Ball Roll	50 초	10 초	62
Pedalling BOSU V-Sit	50 초	10 초	156
Unstable Push-up & Medicine Ball Roll	50 초	10 초	62
Pedalling BOSU V-Sit	50 초		156

라운드마다 역할을 번갈아 가며 **총 2회 수행한다.**

HARD CORE

이 빠른 운동은 더 긴 유산소 운동 루틴에 완벽하게 추가하거나 시간이 없을 때 운동을 할 수 있게 해준다.

필요한 도구

메디신볼
짐볼

서킷

운동	시간	휴식	페이지
Sliding Chest Pass	60 초		54
Squat, Reach & Pass	60 초		50
Stability Ball Plank	60 초		158
Warrior III Leg Lifts (switching legs)	60 초		160
Pushing Side Planks	60 초		164
Downward Dog Handstand Pike	60 초		166
라운드마다 역할을 번갈아 가며 **총 4회 수행한다.**			

BUTT BLASTER

이 루틴은 여러 하체 근육을 대상으로 하는 복합 운동과 둔부, 엉덩이, 대퇴사두근 및 햄스트링에 초점을 맞춘 고립 운동을 번갈아 수행한다.

필요한 도구

타이머
저항밴드 2개

서킷 1

운동	시간	휴식	페이지
Wall Squat & Dip	45 초	15 초	94
Leg Press	45 초	15 초	100
Coordinated Hamstring Curls	45 초	15 초	78
Warrior III Leg Lifts (switching legs)	45 초	15 초	160
라운드 후 역할을 번갈아 가며 **총 4회 수행하고** 각 라운드 완료 후 2분간 휴식한다.			

서킷 2

운동	시간	휴식	페이지
Wall Squat & Medicine Ball Sit-up	45 초	15 초	64
BOSU Squat & Resistance Band Row	45 초	15 초	66
Wall Squat & Bulgarian Split Squat	45 초	15 초	118
Plank & Bridge	45 초	15 초	110
라운드 후 역할을 번갈아 가며 **총 4회 수행하고** 각 라운드 완료 후 2분간 휴식한다.			

서킷 3

운동	시간	휴식	페이지
Wall Squat & Overhead Dumbbell Shoulder Press	45 초	15 초	68
Assisted Pistol Squat	45 초	15 초	116
V-Sit Adductor & Abductor	45 초	15 초	114
Bridge Hold & Dip	45 초	15 초	112
라운드마다 역할을 번갈아 가며 **총 4회 수행한다.**			

WALL SQUAT & SPLIT SQUAT

레벨 2

THE PUSH & PULL

이 상체 루틴에는 가슴, 어깨, 삼두근의 미는 동작과 등과 이두근의 당기는 동작이 포함된다.

필요한 도구

저항밴드
보수볼 2개
메디신볼 2개
덤벨 2개

서킷 1

운동	시간	휴식	페이지
Bear Crawl & Static Row	50 초	10 초	58
Twisting Squat & BOSU Push-up	50 초	10 초	122
Unstable Push-up & Medicine Ball Roll	50 초	10 초	62
Floating Plank & Shoulder Press	50 초	10 초	56

첫 번째 라운드 이후에 역할을 번갈아 가며 **총 2회 수행한다.**

서킷 2

운동	시간	휴식	페이지
BOSU Arm Wrestling	50 초	10 초	162
Modified Pull-up	50 초	10 초	106
Elevated Push-up & Chest Press	50 초	10 초	128
Wall Squat & Overhead Dumbbell Shoulder Press	50 초	10 초	68

첫 번째 라운드 이후에 역할을 번갈아 가며 **총 2회 수행한다.**

서킷 3

운동	시간	휴식	페이지
Alternating Get-up	50 초	10 초	102
Wheelbarrow Squat & Push-up	50 초	10 초	98
Plank & Bent-Over Row	50 초	10 초	108
Handstand Shoulder Press	50 초	10 초	126

첫 번째 라운드 이후에 역할을 번갈아 가며 **총 2회 수행한다.**

TWISTING SQUAT & BOSU PUSH-UP

THE SPIDER

거미는 다리가 8개이고,
이 운동은 8개로 진행하기 때문에
이름이 유래되었다.
각각 8회씩 8회에 걸쳐
8개의 운동을 신속하게 수행한다.

필요한 도구

덤벨
메디신볼

서킷 1

운동	횟수	휴식	페이지
Wheelbarrow Squat & Push-up	8		98

총 8회 수행한다. 반복을 완료한 후 역할을 교대로 수행하고 8라운드를 모두 완료한 후에만 30초 동안 휴식한다.

서킷 2

운동	횟수	휴식	페이지
Weighted Plank & Lateral Hops	8		134

총 8회 수행한다. 반복을 완료한 후 역할을 교대로 수행하고 8라운드를 모두 완료한 후에만 30초 동안 휴식한다.

서킷 3

운동	횟수	휴식	페이지
Weighted Plank & Dumbbell Row	각 팔마다 8		44

총 8회 수행한다. 반복을 완료한 후 역할을 교대로 수행하고 8라운드를 모두 완료한 후에만 30초 동안 휴식한다.

서킷 4

운동	횟수	휴식	페이지
Wall Squat & Medicine Ball Sit-up	8		64

총 8회 수행한다. 반복을 완료한 후 역할을 교대로 수행하고 8라운드를 모두 완료한 후에만 30초 동안 휴식한다.

서킷 5

운동	횟수	휴식	페이지
Wall Squat & Dip	8		94

총 8회 수행한다. 반복을 완료한 후 역할을 교대로 수행하고 8라운드를 모두 완료한 후에만 30초 동안 휴식한다.

서킷 6

운동	횟수	휴식	페이지
Leg Press	8		100

총 8회 수행한다. 반복을 완료한 후 역할을 교대로 수행하고 8라운드를 모두 완료한 후에만 30초 동안 휴식한다.

서킷 7

운동	횟수	휴식	페이지
Modified Pull-up	8		106

총 8회 수행한다. 반복을 완료한 후 역할을 교대로 수행하고 8라운드를 모두 완료한 후에만 30초 동안 휴식한다.

서킷 8

운동	횟수	휴식	페이지
Leg Throws	8		70

총 8회 수행한다. 반복을 완료한 후 역할을 교대로 수행한다.

3단계 프로그램

이 강렬한 프로그램은 초보자를 위한 것이 아니다.
운동 및 프로그램 진행은 고급 기술과 피트니스 능력을 가진 개인을 위한 것이다.
3단계에 대한 준비가 완전히 되지 않았다면 일주일에 한 번의 운동을 생략한다.

1주

날짜	운동	페이지
1	Next-Level HIIT	210
2	Balancing Act	211
3	Rest	
4	Guns & Buns Countdown	213
5	Balancing Act	211
6	Next-Level HIIT	210
7	Rest	

2주

날짜	운동	페이지
1	Chest & Abs and Quick & Dirty	214, 213
2	45-Minute Pyramid	215
3	Rest	
4	Toasted	215
5	Chest & Abs	214
6	Toasted	215
7	Rest	

3주

날짜	운동	페이지
1	Chest & Abs and Quick & Dirty	214, 213
2	45-Minute Pyramid	215
3	Rest	
4	Tabata Master Class	216
5	Sweat Social	210
6	Chest & Abs	214
7	Toasted	215

4주

날짜	운동	페이지
1	Balancing Act	211
2	The Crucible	218
3	Rest	
4	Tabata Master Class	216
5	Sweat Social	210
6	Toasted	215
7	Chest & Abs	214

ASSISTED PLYOMETRIC BULGARIAN SPLIT SQUAT

레벨 3

NEXT-LEVEL HIIT

이 운동은 HIIT를 사용하지만 모든 것을 강화한다. 각 서킷에는 전신 루틴을 위한 상체, 하체, 코어 및 심혈관 도전이 포함된다.

필요한 도구

짐볼
보수볼
메디신볼

서킷 1

운동	시간	휴식	페이지
Weighted Plank & Lateral Hops	20 초	10 초	134
Coordinated Stability Ball Lunges (switch legs every round)	20 초	10 초	80
Power Plank & Chest Press	20 초	10 초	72
Stability Ball Sit-up & Medicine Ball Pass	20 초	10 초	84

라운드마다 역할을 번갈아 가며 **총 8회 수행한다.**

서킷 2

운동	시간	휴식	페이지
Fireman's Lift	40 초	20 초	138
Wall Squat & Bulgarian Split Squat (switch legs every round)	40 초	20 초	118
Elevated Push-up & Chest Press	40 초	20 초	128
Side Plank & Hip Adduction (switch legs every round)	40 초	20 초	170

라운드마다 역할을 번갈아 가며 **총 4회 수행한다.**

서킷 3

운동	시간	휴식	페이지
BOSU Ball Battle	30 초	10 초	180
Assisted Pistol Squat (switch legs every round)	30 초	10 초	116
Plank & Bent-Over Row	30 초	10 초	108
Stability Ball Balance & Jab	30 초	10 초	176

라운드마다 역할을 번갈아 가며 **총 4회 수행한다.**

SWEAT SOCIAL

이 운동은 심혈관계에 부담을 주기 위해 고안됐다. 1단계와 2단계의 연습도 포함되지만, 이것이 쉬울 것이라고 생각하지 않는다.

필요한 도구

저항밴드
메디신볼
짐볼
보수볼

서킷

운동	시간	휴식	페이지
Fireman's Lift	60 초		138
Squat & Resistance Band Sprint	60 초		36
Sliding Chest Pass	60 초		54
Bear Crawl & Static Row	60 초		58
Wheelbarrow Walk	60 초		96
Alternating Get-ups	60 초		102
Weighted Plank & Lateral Hops	60 초		134
Assisted Pistol Squat (switch legs every round)	60 초		116
Power Plank & Chest Press	30 초	30 초	72

라운드마다 역할을 번갈아 가며 **총 4회 수행한다.**

BALANCING ACT

이 점진적인 균형 중심 운동은 코어, 특히 복근, 허리, 엉덩이 및 어깨를 강화하는 유산소 운동, 근력 및 안정성 운동을 결합한다.

세트

운동	시간	휴식	페이지
Kneeling Balance & Pass	45 초		174
Double Bridge	30 초	15 초	132
Stability Ball Balance & Jab	45 초		176
Downward Dog Handstand Pike	30 초	15 초	166
BOSU Push-up & Shoulder Squat	45 초		74
Standing Backbend	30 초	15 초	146
Coordinated Stability Ball Lunges	45 초		80
Stacked Plank	30 초	15 초	172
Stability Ball Reverse Curl & Triceps Roll-out	45 초		76
Flying Bird Pose	30 초	15 초	178
Coordinated Stability Ball Hamstring Curls	45 초		78
Double Dancer Pose	30 초	60 초	144

라운드마다 역할을 번갈아 가며 **총 2회 수행한다.**

필요한 도구

짐볼
메디신볼
보수볼

FLYING BIRD POSE

FIREMAN'S LIFT

QUICK & DIRTY

이것은 가장 짧은 3단계 운동이다.
쉬지 않기 때문에
심장 박동수가 치솟을 것이다.
추가 도전을 위해 이 운동을
다른 3단계 운동과 병행한다.

필요한 도구

장비가 필요 없음

서킷	운동	시간	휴식	페이지
	Fireman's Lift	60 초		138
	Linked-Leg Push-ups	60 초		136
	Sit-up to Square Pike	30 초		124

라운드마다 역할을 번갈아 가며 **총 4회 수행한다.**

GUNS & BUNS COUNTDOWN

이 운동의 각 운동은
상체와 하체 움직임을 결합한다.
가장 많은 횟수의 반복수부터
시작하여 아래로 내려간다.

필요한 도구

보수볼
덤벨 2개

서킷	운동	횟수	휴식	페이지
	BOSU Push-up & Shoulder Squat	15, 14 ...		74
	Bridge Hold & Dip	15, 14 ...		112
	Wall Squat & Overhead Dumbbell Shoulder Press	15, 14 ...		68

총 15회 수행하며 각 라운드의 반복 수를 줄이고
(15에서 시작하여 1까지) 각 라운드 후에 역할을 번갈아 수행한다.

레벨 3

CHEST & ABS

이것은 약간의 상체 운동과 함께 가슴과 복근에 초점을 맞춘다. 추가 자극을 원하면 Quick & Dirty 운동과 함께 사용한다.

필요한 도구

보수볼
짐볼
덤벨 2개
메디신볼
타이머

서킷 1

운동	횟수	휴식	페이지
Power Plank & Chest Press	8, 6		72
Stability Ball Reverse Curl & Triceps Roll-out	8, 6		76
Sit-up to Square Pike	8, 6		124

적절한 경우 각 라운드 후에 역할을 번갈아 가며 **총 4회 수행한다.** 라운드 1과 2의 경우 8회를 수행한다. 라운드 3과 4의 경우 6회를 수행한다. 모든 라운드 완료 후 60초 휴식한다.

서킷 2

운동	시간	휴식	페이지
Single-Leg Stability Ball Battle	45 초	15 초	168
Weighted Plank & Dumbbell Chest Press	45 초	15 초	82
Stability Ball Sit-up & Medicine Ball Pass	45 초	15 초	84

라운드 후 역할을 번갈아 가며 **총 6회 수행하고** 모든 라운드를 완료한 후 60초 동안 휴식한다.

서킷 3

운동	시간	휴식	페이지
Elevated Push-up & Chest Press	40 초	20 초	128
Modified Pull-up	40 초	20 초	106
Handstand Shoulder Press	40 초	20 초	126

라운드 후 역할을 번갈아 가며 **총 6회 수행하고** 모든 라운드를 완료한 후 60초 동안 휴식한다.

서킷 4

운동	시간	휴식	페이지
Linked-Leg Push-ups	30 초		136
Flying Bird Pose	60 초		178

총 4회 수행한다. 각 라운드 후 역할을 교체한다.

SINGLE-LEG STABILITY BALL BATTLE

TOASTED

불타는 이 킬러 레그 루틴 후에 하체가 느낄 것이다. 각 서킷은 주요 다리 근육에 부담을 주고 코어를 목표로 하는 움직임으로 화상을 입는다.

필요한 도구

짐볼 타이머

서킷 1

운동	시간	휴식	페이지
Coordinated Lunges	60 초		92
Wall Squat & Bulgarian Split Squat	60 초		118
Kneeling Hamstring Curls	30 초		120
Side Plank & Hip Adduction	30 초		170

각 라운드 후에 역할과 다리(필요에 따라)를 번갈아 가며 **총 4회 수행하고** 모든 라운드가 끝나면 2분 동안 휴식한다.

서킷 2

운동	시간	휴식	페이지
Fireman's Lift	60 초		138
Assisted Pistol Squat	45 초		116
Coordinated Stability Ball Hamstring Curls	45 초		78
Warrior III Leg Lifts	30 초		160

각 라운드 후에 역할과 다리(필요에 따라)를 번갈아 가며 **총 4회 수행하고** 모든 라운드가 끝나면 2분 동안 휴식한다.

서킷 3

운동	시간	휴식	페이지
Weighted Plank & Lateral Hops	90 초		134
Coordinated Stability Ball Lunges	60 초		80
Assisted plyometric Bulgarian Split Squat	30 초		130
Double Bridge	30 초		132

각 라운드 후에 역할과 다리(필요한 경우)를 번갈아 가며 **총 4회 수행한다.**

45-MINUTE PYRAMID

전체 피라미드를 수행한 후 (높은 반복 횟수에서 낮은 횟수로 이동) 역할을 전환한다. 당신의 목표는 45분 안에 최대한 많은 피라미드를 완성하는 것이다.

필요한 도구

덤벨 2개 메디신볼

서킷

운동	횟수	휴식	페이지
Weighted Plank & Dumbbell Chest Press	30		82
Stability Ball Sit-up & Medicine Ball Pass	25		84
Assisted Plyometric Bulgarian Split Squat	각 다리마다 10		130
Twisting Squat & BOSU Push-up	15		122
Modified Pull-up	12		106
Handstand Shoulder Press	10		126
Kneeling Hamstring Curls	8		120
Stability Ball Reverse Curl & Triceps Roll-out	5		76

세트 사이에 쉬지 않고 각 운동에 대해 지정된 횟수를 수행하고, 한 라운드를 완료한 후 역할을 전환한다. 서킷을 다시 수행하고 45분 동안 완료한 피라미드 수를 세면서 각 라운드가 끝난 후 역할을 계속 변경한다.

레벨 3

TABATA MASTER CLASS

이 35분 간의 다양한 고강도 반복 훈련 및 변형 운동 후에 당신은 칼로리를 폭발시키고 몇 시간 동안 신진대사를 지속할 것이다. 전체 서킷 동안 각 운동을 계속 한다.

필요한 도구

짐볼
보수볼 2개
메디신볼

서킷 1

운동	시간	휴식	페이지
Alternating Get-up	20 초	10 초	102
Assisted Plyometric Bulgarian Split Squat	20 초	10 초	130

역할을 바꾸지 않고 **총 4회 수행한다.**

서킷 2

운동	시간	휴식	페이지
Alternating Get-up	20 초	10 초	102
Assisted Plyometric Bulgarian Split Squat	20 초	10 초	130

타바타 1에서 역할 전환한다. 총 4회 수행한다.

서킷 3

운동	시간	휴식	페이지
Stability Ball Balance & Jab	20 초	10 초	176
Linked-Leg Push-ups	20 초	10 초	136

역할을 바꾸지 않고 **총 4회 수행한다.**

서킷 4

운동	시간	휴식	페이지
Stability Ball Balance & Jab	20 초	10 초	176
Linked-Leg Push-ups	20 초	10 초	136

타바타 3에서 역할 전환한다. 총 4회 수행한다.

서킷 5

운동	시간	휴식	페이지
Kneeling Balance & Pass	20 초	10 초	174
Sit-up to Square Pike	20 초	10 초	124

역할을 바꾸지 않고 **총 4회 수행한다.**

서킷 6

운동	시간	휴식	페이지
Kneeling Balance & Pass	20 초	10 초	174
Sit-up to Square Pike	20 초	10 초	124

타바타 5에서 역할 전환한다. 총 4회 수행한다.

서킷 7

운동	시간	휴식	페이지
BOSU Arm Wrestling	20 초	10 초	162
Weighted Plank & Lateral Hops	20 초	10 초	134

역할을 바꾸지 않고 총 **4회 수행한다.**

서킷 8

운동	시간	휴식	페이지
BOSU Arm Wrestling	20 초	10 초	162
Weighted Plank & Lateral Hops	20 초	10 초	134

타바타 7에서 역할 전환한다. 총 4회 수행한다.

STABILITY BALL BALANCE & JAB

THE CRUCIBLE

이 운동은 79분 동안 지속되는 궁극적인 루틴이다. 이 운동은 당신의 정신력을 시험할 것이고, 당신의 모든 근육들이 목표를 달성하는데 도움을 줄 것이다.

필요한 도구

짐볼

서킷 1

운동	시간	휴식	페이지
Fireman's Lift	2 분	30 초	138
Weighted Plank & Lateral Hops	60 초	30 초	134
Modified Pull-up	50 초	10 초	106
Linked-Leg Push-ups	50 초	10 초	136
Modified Pull-up	50 초	10 초	106
Linked-Leg Push-ups	50 초	10 초	136
Handstand Shoulder Press	50 초	10 초	126
Wall Squat & Dip	50 초	10 초	94
Handstand Shoulder Press	50 초	10 초	126
Wall Squat & Dip	50 초	10 초	94

라운드 후 역할을 번갈아 가며 **총 2회 수행하고,** 두 라운드 완료 후 2분간 휴식한다.

서킷 2

운동	시간	휴식	페이지
Fireman's Lift	2 분	30 초	138
Weighted Plank & Lateral Hops	60 초	30 초	134
Assisted Pistol Squat	50 초	10 초	116
Double Bridge	50 초	10 초	132
Assisted Pistol Squat (opposite leg)	50 초	10 초	116
Double Bridge	50 초	10 초	132
Assisted Plyometric Bulgarian Split Squat	50 초	10 초	130
Leg Press	50 초	10 초	100
Assisted Plyometric Bulgarian Split Squat (opposite leg)	50 초	10 초	130
Leg Press	50 초	10 초	100

라운드 후 역할을 번갈아 가며 **총 2회 수행하고,** 두 라운드 완료 후 2분간 휴식한다.

서킷 3

운동	시간	휴식	페이지
Fireman's Lift	2 분	30 초	138
Weighted Plank & Lateral Hops	60 초	30 초	134
Wheelbarrow Walk	50 초	10 초	96
Coordinated Stability Ball Hamstring Curls	50 초	10 초	78
Wheelbarrow Walk	50 초	10 초	96
Coordinated Stability Ball Hamstring Curls	50 초	10 초	78
Sit-up to Square Pike	50 초	10 초	124
Leg Throws	50 초	10 초	70
Sit-up to Square Pike	50 초	10 초	124
Leg Throws	50 초	10 초	70
Side Plank & Hip Adduction	50 초	10 초	170

라운드 후 역할을 번갈아 가며 **총 2회 수행하고,** 두 라운드 완료 후 2분간 휴식한다.

HANDSTAND SHOULDER PRESS

색인 INDEX

저자 소개

Laura Williams, MSEd, ACSM EP-C는 미국 Mary Hardin-Baylor 대학에서 운동 및 스포츠 과학 석사 학위를 받았으며 ACSM 공인 운동 생리학자입니다. 그녀는 Thrillist, Verywell, SheKnows 및 Onnit에 글을 쓰고 있으며 Shape, The Huffington Post, Cosmopolitan 및 Real Simple에 소개되었습니다. Laura는 또한 건강한 생활 웹 사이트를 운영합니다. (girlsgonesporty.com)

감사의 글

이 기회를 주신 DK Books의 모든 분들과 이 책이 나올 수 있도록 뒤에서 지칠 줄 모르고 노력한 멋진 분들께 큰 감사를 드립니다. 이 과정에서 항상 기꺼이 질문에 답하고 훌륭한 통찰력을 제공하는 Nathalie Mornu와 Christopher Stolle에게 특별한 감사를 전합니다.

파트너 운동을 배우고 시연하는 동안 사진을 찍어준 Dennis Burnett과 오랜 시간 동안 열심히 일하고 유머러스한 모델에게 감사합니다. 그리고 사진 촬영 전, 도중, 후에 Nigel Wright의 아트 디렉션에 특별히 감사드립니다. 세부 사항에 대한 예리한 안목과 완벽주의가 이 책을 한 단계 더 발전시키는 원동력입니다. 여러분 모두가 없었다면 이 책은 최고의 걸작이 아니었을 것입니다.

또한 Catherine Connelly, Anthony Schneck, Rachel Berman에게도 깊은 감사를 드립니다. 여러분은 모두 믿을 수 없을 정도로 이해하고 유연하며 지원해 주셨고 여러분이 제공한 누적 기회가 이 책을 가능하게 만든 것입니다. 쉽지 않은 일임에도 불구하고 저에게 불을 밝히고 지속적인 교육을 지원해 주신 Mary Hardin-Baylor 대학의 Dr. Colin Wilborn과 Dr. Cliffa Foster에게 감사드립니다. 저에 대한 당신의 믿음은 당신이 알게 될 것보다 더 많은 것을 의미합니다.

Kacie O'Kelley, Amy Loomis, Rebekah Meeks, Buffy McDaniel, Sara Parker에게 - 가깝든 멀든, 가까이 있든 떨어져 있든, 우리가 매일 이야기하든 거의 전혀 이야기하지 않든 저는 친구가 없는 제 삶을 상상할 수 없습니다. 당신은 친절, 용기 및 유머가 역경에도 불구하고 계속 버틸 수 있도록 영감을 주는 강하고 강력한 여성입니다. 이러한 감정은 저의 자매인 Mary McCoy와 Tanya Farman에게도 마찬가지 입니다.

부모님, 처남, 형제자매, 처남, 조카딸 등 멋진 가족들에게 당신은 내 마음을 설레게 하는 존재입니다. 여러분 각자 - Greg와 Geri; 론과 게일; 데이비드와 타냐; 줄리아나와 알렉산드라; 메리, 개비, 대니; 제프와 줄리; 케이틀린과 캐시; 아담; 그리고 Ben은 영원히 나를 형성해왔습니다.

마지막으로 - 그리고 가장 중요한 - 놀라운 남편 Lance에게: 감사합니다. 직장을 그만두고 글쓰기를 하기로 결정했을 때 저를 참아주셔서 감사합니다. 미친 마감 시간과 많은 스트레스에도 불구하고 저를 지원해 주셔서 감사합니다. 특히 저 자신을 믿고 격려하기 힘들었을 때 저를 믿어주시고 격려해주셔서 감사합니다. 멋진 13년이었습니다. 앞으로 더 많이, 더 많이 기대하겠습니다.

발행인의 감사의 글

발행인은 이 책의 연습 문제를 배우고 실행하는 데 시간과 노력을 들인 Joey Kelly, Shannon Nicole Kerlin, Bryanna Moody, Meredy Russell, Brad Snedden 및 Laura Williams에게 감사드립니다.

■ 역자 대표 이영진

✓자격사항
- 부산가톨릭대학교 물리치료학과 졸업
- 인제대학교 보건대학원 물리치료전공 석사
- 부산가톨릭대학교 대학원 물리치료전공 박사수료
- CANADA Hamilton Breathing Course
- USA New Orleans ELDOA 1,2 Course

✓경력사항
- (현) 동주대학교 물리치료과 겸임교수
- (현) 소도구 메디컬트레이닝 코리아 대표
- (전) SET 슬링운동센터 실장
- (전) 우리들병원 척추건강운동치료실
- (전) 새우리병원 운동치료센터 센터장
- (전) 마산대학교 물리치료과 겸임교수
- (전) 춘해대학교 물리치료과 겸임교수

■ 공동 역자

- **김지은**
  - 인제대학교 물리치료전공 석사졸업
  - 소도구 메디컬트레이닝 코리아 실장
- **김재윤**(강남 피트니스 한의원 대표원장, 미국 스포츠 의학회)
- **김민서**(비키니 선수)
- **김수민**(필라테스강사)
- **김수빈**(필라테스 강사)
- **김민경**(클래식필라테스 강사)
- **문보람**(JAM필라테스 부원장)
- **박가인**(필라테스 강사)
- **이솔**(필라테스 강사)
- **이다희**(필라테스 강사)
- **이수연**(요가, 필라테스 강사)
- **정혜진**(필라테스 강사)

DK | Penguin Random House

Original Title: Partner Workouts: Work out with a partner for double the motivation and twice the impact

파트너 워크아웃

2022년 3월 25일 초판인쇄
2022년 3월 31일 초판발행

지은이 : Laura Williams
옮긴이 : 이 영 진 외
발행인 : 박 병 조
발행처 : 도서출판 영문출판사
등 록 : 1987년 12월 21일 제2-419호
주 소 : 서울시 강남구 삼성동 69-1
전 화 : (02) 514-5590, 776-5590
팩 스 : (02) 756-8943
홈페이지 : www.ymsbook.net
E-mail : yeongmunsa@empas.com
정 가 : 22,000 원
ISBN 978-89-7224-522-3 93510

※ 파본은 교환해 드립니다.

For the curious
www.dk.com